說說八卦的八卦

老衲作品集 1

老衲 著

目次

老衲瞎侃八卦拳史（上）

老衲寫過練武功法與要點的文章不知有多少，卻是門前冷落車馬稀，淒淒慘慘戚戚，而一寫武林的八卦野史，立時火熱朝天，眾位看官們反應熱烈，嘿，人性之好逸惡勞，當真氣煞老衲也！

不過，老衲轉念一想，現今已是二十一世紀，嫦娥奔月都不夠牛逼的一個時代，還有甚麼好守著舊規矩的呢？既然看官們愛聽八卦，那今日就來聊聊八卦（拳）的八卦吧！

說到八卦門這一門武功，有人叫八卦掌，也有人叫八卦拳；是中國傳統武林中晚出之絕學；一直到十九世紀董海川祖師橫空出世，才突然在江湖上聲名大震。在董氏之前，誰也沒聽說過這一門功夫，是以一般人多以董氏為八卦門祖師爺，創派之人，殆無疑問。當然也有個別派系，認為董氏之上還有師承的，或有董氏之師，或有董氏之師兄弟，但這一些說法多無有力史實證據；或從地理人文，或從拳型演變，怎麼看，八卦一門最初的傳出者都是董氏，而無關其他。這一點武術史學家康戈武先生，在上世紀早已多方考據過，這裏就不再贅述。以下，老衲先假定董氏為八卦門祖師論述。

說起董海川這個人，來歷出身完全是個謎。董氏原為河北文安人（徒弟們由他的口音辨認），年輕的時候他做過些什麼，說法很多，但沒有經得起推敲的；而約莫中年時，他到了當時皇親國戚，肅順王府工作，這肅順王府是愛新覺羅肅順的官邸，而肅順王本身在一八六一年因為反對慈禧，擁護咸豐帝，而被慈禧太后斬於午門菜市口。因此很多人將此案與董氏前半生的空白經歷關聯起來，說董氏密謀刺殺慈禧啦，董氏密謀反清復明啦，這些故事一樣都是小說家言，不值一哂。

關於董氏，比較可信的說法應該是這樣的：董氏到了肅王府工作以後，不經意間展露了驚人的武藝，於是一下子求藝者眾，而眾人很驚奇的發現，董氏雖然武藝高強，卻是個閹人。

這段故事，同樣地，也被很多人加油添醋的描寫過。一說董氏為太監的，這點老衲不太相信，因為太監是一皇宮裏的職位，以現行資料來看，沒有證據說董氏進入過皇宮工作，所以他應該只算是「閹人」，而非「太監」。

好啦，既然董氏是個閹人，那他為了什麼變成一個閹人的？一旁看戲的吃瓜群眾們，又開始胡猜亂想。統整下來，有幾種流行的說法，有「大盜避禍」說，有「入宮謀刺」說，甚至也有「練功自宮」說的。不過這幾種說法老衲都不相信。為什麼不相信呢？以下一一數來，給看官們評評理。

首先是「大盜避禍」說。此說的論點是，董氏精擅輕功，在古代，如果你不是護院卻精擅輕功的，大多會被人聯想是飛賊盜匪一類的人物，蓋因古代沒有極限運動這個說法，你沒事去練穿房越脊，高來高去的本事幹啥呢？只有盜賊才需要。所以此說的論點是：董氏原為大盜，後來犯了命案，為了求脫罪避禍，所以心一狠，把自個兒閹了。

這個說法看似有理，其實有些無厘頭；因為翻遍整部大清律令，還真沒有這「閹割（脫罪）條款」的紀錄。這可跟司馬太史的場景大大地不一樣。司馬遷生活的漢朝，是有閹割條款的，所以太史公可以以閹割換死罪，此舉符合國家法令規範。但董海川生活的清代可不是這樣，在清代時，是沒法以閹割換死罪的；再說了，太史公是文人，又帶朝廷官職，自然得受朝廷律法管束；而董氏本是江湖散人，犯了罪，最多隱姓埋名逃到另一省另一州罷了，何苦要割了卵蛋以求脫罪？再退一步說，以董海川老師通天的大功夫，即使真犯了什麼大案死罪，以他老人家的高絕輕功，又熟稔各種暗器，渾身是鏢，這樣的絕頂人物，真有幾個官府爪牙能夠擒得住他？這根本是自相矛盾的一個自我牴觸說法，居然可以流傳日久，真是奇事。

說完「大盜避禍」說，再來便是「入宮謀刺」說。此說其實更是無稽之談，只是反映當時文人憎恨慈禧，所以喜歡編造各種刺殺她的故事來洩一己之憤。如董氏真的是為了入宮刺殺慈禧而自宮，那他還真算是一個相當不稱職的殺手；卵蛋割是割了，可是終其一生都沒有入宮去執行他的刺殺計畫，這算是哪門子的殺手呢？編出這等事來的人，其智商恐怕只跟這種只割卵蛋不殺人的殺手相當。

最後一種是「練功自宮」說。這種說法認為練八卦容易性慾旺盛（腎火難馭），為防縱慾過度影響練功的進度，所以一咬牙把腎囊割了，好好練功。

這一種說法在上一輩拳師中其實頗有流傳，老衲推測，當年香港的查良鏞，大名鼎鼎的金庸老先生肯定也聽過如此說法，所以才刺激他老人家創作了天下獨一無二的絕頂人物「東方不敗」，寫下了「葵花寶典」的卷首語：「欲練神功，必先自宮。」，當年這段笑傲江湖的曲折劇情，不知迷倒多少眾生，造就一段小說史與影視史上不可複製的傳奇佳話。

話說回來，若是回到現實面。其實這種說法破綻百出，蓋因不管你練什麼運動，只要練習方法正確，肯定會刺激血液循環，連帶讓雄性賀爾蒙分泌增多；很多人練了一段時間的重訓，也會覺得性慾大增的，難不成重訓選手會為了確保每日菜單的完整執行訓練，也將卵蛋一割到底不成？這種說法到了現代運動生理學手上，完全說不通，可以把它扔進故紙堆裏了。

說到這兒，肯定有人要問：老衲你說誰都不通，哪種說法都不對，究竟你認為董氏為什麼會變成閹人呢？嘿，寫到此處，老衲的墨已乾了，改日再談，下回分曉唄。

013　老衲瞎侃八卦拳史（上）

說說八卦的八卦（一）

這一個故事，仿效曹雪芹曹老師的《紅樓夢》筆法，將「真事隱」，將「假語存」；上士聞之勤習，下士聞之笑罵。這如此古怪的故事何以名之？且名《說說八卦的八卦》便了。

話說從頭，董海川老師那一年，在肅王府裡顯了功夫，把原本的王府護院總教頭沙回回擠下，坐上了王府護院的第一把交椅，一時間裡北京城內各武行中，都傳的沸沸揚揚，人人都道，這肅王府來了個高人，而且這高人相當奇怪，年長無鬚，音如鴞鳴，居然是個閹人，有些缺德的好事之徒，在背後偷偷呼喊他董老公[1]。

大夥兒其實都不清楚這董老公的底，但是那沙回回在北京城內是響萬的，楊無敵楊露蟬號稱打遍北京城了，卻也不敢跟那沙回回動一動手，那沙回回頭戴小白帽，身長九尺，留著好大一把白鬍子，手臂伸平，可以讓一頭小牛站在上頭，前一個想挑戰沙回回的好手，被沙回回當面一肘，把他的鼻子狠狠打進了臉頰裡，當場氣絕，肅順王雖然不滿，可也只能安排人賠了那人在鄉下的家屬五百兩，息事寧人。

1 老公一詞，清代用以稱呼太監。

據說，沙回回與人比武，向來不留手，一出手非傷即死，他是清真寺裡練出來的功夫，每到時間，沙回回就關在寺裡練功，絕不讓人窺探，而越不讓人窺探，大夥兒越是好奇，旗人全佳山送了一個回族小青年一隻西洋金錶，才套出沙回回的練功方法。

那回族小青年說，沙回回在寺裡，會讓好多個回族小青年輪番打他，沙回回則從不還手，只用身法的摺疊躲閃避開，練完身法之後，沙回回會對著清真寺裡包著棉胎的木柱子練功，他的招法很簡單，就是一拳，一肘，一腳，沒有看過沙回回練其他繁複的招法，而這麼枯燥無味的練法，配合上沙回回身若巨獸的體型，一時間在北京城內叱吒風雲，被肅順王奉為護院總頭兒。

很奇怪的是，這麼樣的一個人物，在董老公來了之後，居然讓出了肅王府的護院教頭之位，返鄉養老去了。

大夥兒都在猜，這董老公究竟是什麼來頭？有人傳說他能飛天遁地，來去如風，又有三頭六臂，渾身是手，對於這些傳聞，全佳山都嗤之以鼻，他說：只有人能練的功夫才叫功夫，其他的，叫法術，沙回回我見過好幾次，他不是靠法術可以贏得了的人，這董老公能勝他一手，必有過人造詣。

全佳山雖是旗人，可也只是下三旗的閒人子弟，他想，若是他自個兒去肅王府求見董老公，不要說董老公見不見他，搞不好連肅順王都會不高興不讓見，本來嘛，人家肅順王找高人當護院總教頭，是為了壓服那群只知賭馬嫖妓的護院，不是在肅王府內要開拳舖子的。

全佳山思來想去，最終託人帶了一封信進宮中，把他從小一塊練武的好友找出來，全佳山想，帶著他一起去，肅順王再不高興，肯定也不敢發作。

於是奕且樂就這麼跟著全佳山去了。

奕且樂一到，肅順王見了拜帖，連忙倒履相迎，直說：「哎呀！怎敢勞您大駕呀？有什麼吩咐，您讓……」肅順王還沒說完，奕且樂手一揮，止道：「王爺客套話別說了，這位全佳公子，與我是發小，他生平好武，聽說王爺府上來了個不世高人，想要來見識一下。」

肅順王連連點頭，說：「是那個新來的護院教頭董老師？來人啊，去請董老師出來見客！」全佳山一聽，連忙喊住，說：「別別別，當年王爺您與郭雲深學武，就是因為禮數不精，才只學到半套崩拳，我今兒個是來向董老師求藝的，怎麼能讓老師出來見學生呢？來來來，且樂你跟我走，我們去內院拜見董老師。」

全佳山話一面說，便一面拉著奕且樂往內院走，他事先都打聽好了，董海川的住所，在肅王府西院第三間，更裡頭兩間都沒人住，據說是給董老師當練功房的。

肅順王一聽全佳山如此無禮，嘴上咕噥著：「當年我哪知道什麼武林規矩呀？再說了，人家郭雲深老師，包我半套崩拳打天下呢！」嘴上抱怨歸抱怨，可肅順王哪敢伸手攔一攔奕且樂，只忙著招呼下人們，先趕緊進去通報董海川，莫失了禮數。

老衲瞎侃八卦拳史（中）

上回說道，八卦門祖師爺董海川為什麼是個閹人？老衲以為，比較合理的推測，還要從董氏的出生地說起。

董氏從不說他是哪裡人，但徒弟們從他的口音推測，董氏是河北文安人，要知道有清一代，河北的文安、任丘、河間一帶，其實都出過好多大太監，當個閹人太監啥的，在這些地方上根本不出奇，蓋因這些地方鄉下非常窮苦，但又鄰近北京皇城，天下首都，所以很多活不下去的貧人家庭，等孩子長到十來歲時，實在養不了了，就把孩子賣給從北京來專門找閹人僕役的人口販子，這些人口販子買了孩子之後，送到北京城裏幾間大的閹割房裏動手術，動好手術以後分別送往一些需要雜役的王府，或者選入皇宮外圍當差。

著名的大太監李蓮英，就是河北河間人，有一說李蓮英找手下專找河間、文安、任丘一帶的小老鄉，除了口音相近信任之外，這些地方的窮孩子肯定也比較願意閹割了來當差。

老衲推測，這才是董氏真正的出身，也是為什麼，董氏在北京城教八卦武功出名之後，一次也沒回到出生地河北文安縣，而且就這麼葬在北京城了，這在古代注重落葉歸根的社會風氣中，是相當奇怪的，當時的人，無論在外頭有多大成就，臨老之際一定回到出生地養老，葬在老家的。

如果這個推測為真，那麼董氏從不言他的出身來歷，就非常合理了，試想想，一個小時候因為家裏窮，而被送到大城市閹割為奴的孩子，長大之後刻苦練武，迭逢奇遇，終於武功大成之後，他會想要衣錦還鄉嗎？如果是生理正常的一般人，那肯定是會的，但如閹人這般有生理殘缺的人，他的想法就肯定不太一樣了。

當然，以上的推測，也是老衲聽八卦門內的老前輩說的，不是老衲的發明，只是老衲認為如此推敲，較符合常理常識而已，是對是錯，給各位看官參考。

好了，說完祖師爺的八卦，回頭來說說真正的八卦。

八卦門這門武藝，由於董氏從來不說，所以來歷脈絡可能永遠是一個謎，有說他與河北某些地方上，名為「八番拳」的地方武藝略有相似，但這恐怕也只是推測而已，因為八卦門繞圈而行的練法，在各門各派中獨樹一幟，是其他拳種沒有的。

據當年北京的八卦門老前輩們說，當時董氏教人，根本沒說這是什麼東西，只劃一個圈，讓人繞圈走，所以當時的北京武林管這兒叫「轉掌」，也有人說這是「轉磨門」的，因為董氏門人練功的時候，像是鄉下佬推著一個大磨在轉，所以便叫做轉磨門，或直接叫轉掌，後來不知道什麼時候開始，老衲猜想，可能是當時北京城裏太極拳開始流行了，所以董氏的門人決定取一個響亮的名字一拚，於是「八卦掌」就這麼定下來了，事實上，八卦掌與所謂的易經書裏的陰陽八卦，在起初的時候，是一點關係也沒有的。

好了，我們先不八卦，八卦到底應該叫什麼名字，先來看看董海川祖師，當初是怎教武的吧！

董氏教武的經歷非常特別，他幾乎收下的徒弟，都是帶藝投師的，如尹福原本是練羅漢拳的（也有人說尹是先練花拳），在拜師董氏之前，就已經是非常出名的護院教頭，程廷華原來練摔跤的，家中幾個兄弟都是摔跤好手，史六練截腿，腿功出眾，連董海川祖師都踢不到他的腿，而戲稱史六「賊腿」，而董氏門下的二馬，「煤馬」馬維琪（家裏經營煤球場）與「木馬」馬貴（家中經營木材廠），也都是各自從小帶藝，才投師董氏。

董氏本身的武藝不知道底如何，但能收下這麼一大群練武的徒弟，肯定藝業驚人，他收下這些人以後怎麼樣教呢？他的教法很簡單，在地上畫一個圈，然後讓徒弟們自己按照原來的功夫，去轉。

（也有人說，董氏在樹林間拉一條繩子，然後讓徒弟們在繩下轉圈，這一點老衲覺得略有疑慮，不提。）

至於這些徒弟，怎麼去轉這個圈，董氏根本不管，愛怎麼轉轉去，只偶爾指點一下，「身子下去一點」、「手抬起來一點」、「再轉快一點！」、「轉那麼快幹啥，轉慢一點唄。」如此這般，但具體你轉八卦轉怎麼樣，董氏是沒有規定的，依材施教，隨遇而安，所以後來八卦門內有一句話，說祖師爺董師教武，是「說手不教手」，只跟你說原理，調勁道，帶打法，但並不示範給你看該怎麼打怎麼轉，也不教你一招一招的預先設計好的定式，這種教法，是謂「說手不教手」。

其他如輩分在八卦門第三代的「翠花劉」劉鳳春（程廷華弟子），與宮寶田老師（尹福弟子），在董氏在世之時，都跟董氏練過武，不過這兩人被帶出來的手法身法都不一樣，董氏對他們，也都是說手不教手。

除了這些出名弟子之外，據說董氏早期教武，也教輕功暗器，早年董氏有一養子李瘸子，患有腿疾，轉八卦把他的腿轉好了，董氏又教他輕功暗器，結果這李瘸子不學好，當了採花賊，董氏聞知非常生氣，將他逐出了北京城後，立誓再也不教輕功暗器這一路的功夫，所以董氏的大徒弟尹福一脈，還可以看到輕功暗器的傳承，到了二徒弟程廷華的時候，輕功暗器就比較少了，只剩下八卦大刀、子午鴛鴦鉞云云，不過這只是一種說法，又也許是因為尹福本就是護院，所以本就會練輕功與暗器，而程廷華是做生意的（開賣眼鏡的鋪子），所以沒那個興趣練輕功暗器，這些都年代久遠，不可考據，寫在這裏，只是存而不論。

董氏授徒，不管來路，只管轉圈，他這樣的教法，是可以有教無類，但卻造成後來八卦門內的東西人人不一，尹福的轉掌轉起來，有六路羅漢拳的功底隱含其中，後世稱之為「硬八卦」、「硬掌八卦」等等，而因是尹福傳出，又有「尹派八卦」之稱，而董氏的另一弟子程廷華原來練摔跤的，自然而然把摔跤的手法身法跤法，溶入轉八卦之中，形成了外形看似較軟的「軟八卦」，也有稱「柔八卦」、「揉身八卦」等等，同樣的，因為是程廷華傳出來的八卦，因此稱為「程派八卦」，八卦門董師的武藝，以尹程兩派後人為大宗，其他徒弟也有零星傳人，如近年來香港的涂行健老師訪到了馬貴派的傳人，驚為天人，一頭栽入了馬貴派八卦的世界。

於是，八卦門的武藝，傳到尹程二人手上之後，又有各自巧妙變化，尹派講究硬功八卦、輕功八卦的路子，而程派講究先天八卦，與後天八卦的搭配，不過老衲認為，究其本源，應該還是要回到當年董氏傳出來的那一圈子，不然猛轉八卦，只會越轉越糊塗，最終找不到方向。

董氏在光緒六年過世（一八八〇），約八十餘歲，被徒弟們葬在北京東直門外，紅橋大道旁，一九八一年時，由李子鳴前輩主持，將董氏的墓遷到萬安公墓重新安葬，董氏的一生是早就結束了，可是他留下的那個圈，還是始終困擾著許多練武的人。

究竟這一個圈，有什麼魅力，可以讓當時都早已練武成名的尹福、程廷華、史六等等大高手，人人都拜在董氏門下，專學一個轉圈呢？照例，寫到這裡，老衲的墨又已乾了，咱們下回再談吧！

說說八卦的八卦（二）

閒話休提，那全佳山見了董海川之後，先奉上帶來的八項大禮，有和闐玉馬，緬北翡翠，南海沉香，長白人參，還有曇花香鼻煙粉，八大山人的絕峰一筆孤鷹畫，九粒鵝蛋大小金剛石，最後是一口前朝戚將軍傳下來的隨身佩刀，刀口仍清，據說是當年戚將軍研究倭刀技法時，手摹心追的隨身之物，這董海川也不推辭，見到這些奇物，神色一絲不動，將東西一一點收，全佳山與奕且樂對望一眼，心道這董老師不軟不硬，真是個角色。

眾人一輪客套之後，全佳山才小心翼翼地開口問道：「董老師，聽外邊的人說您功夫高過天，厚過地，可不可以讓小子們開開眼，見識一下看看？」

那董海川並不回答，只嘴角微微一抽，輕搖手道：「我向來聽說，黃河以北要屬郭雲深先生功夫第一，而近幾年，又有楊露蟬先生進京，號稱無敵，我董某只是一個半殘之軀，談何功夫？全公子誤會了。」

全佳山聽董師如此說法，心想不下猛藥不成，撲通一聲，雙腿跪在地上，道：「小子聽說，現今北京城內人人談論董老師的功夫，那城東的尹福說，董老師功夫天下無雙，那城南的程氏兄弟道，董老師的功夫海內獨步，就更不要說那人人都不服氣的快腿史六郎，指哪踢哪，他說他生平只服肅王府董老師一個，更還有那……」

董海川沒好氣，搖搖頭，揮手止住，說道：「這都成什麼呢？這幾個小傢伙，江湖世道沒走過幾天，吹起牛來一個比一個大，如此態度，還想要老夫收他們為徒，哼，沒門兒！」

全佳山話也不說，砰砰砰磕了三頭，道：「是，這幾位高手都想拜董老師為師，可是知道老師向不收徒，於是今天請出我，我又……我又請出這位，」全佳山話一頓，指著一旁站著的奕且樂，「我今天請出奕公子，就是希望老師看在奕公子的佛面，廣開山門，授徒授藝。」全佳山說完，心想，若是請出奕且樂都沒法說動董海川，那就只能去找楊露蟬學藝了，但聽說楊師對咱們旗人防心最重，教可以教，但不知道楊師願意教多少真功夫呢。

好險此時，董海川已默默地點了點頭，他向奕且樂注視了一會兒，嘆了口氣，說道：「好吧，既然你今天請了奕公子來，不看僧面看佛面，奕家的這個人情我不能不賣，你起來吧！」

那全佳山大喜，知道大事已成，又咚咚咚地磕了三個頭，才站起身來。

董海川待他起身，對著他伸出一隻手，道：「你不是想見識見識老夫的功夫？試試吧！」

全佳山心道，「董老師的樣子平平無奇，就是一個宮裏老太監的樣子，這手一伸慵慵懶懶，不知是什麼架式？」他雙拳一握，護住了頭面，右膝高高提起，這全佳山的先祖曾帶兵打過南蠻一帶，在廣西山中帶回了幾個野人家族養在府中教武，這廣西山中的野人武術特別善戰，於中原拳法所無，叫做壯拳，講究雙拳雙肘雙膝雙腳，八個點的攻擊法，若以野人的土語翻譯過來，這壯拳的古名，叫做八把刀的拳術。

全佳山只聽到董海川問道：「老夫可以出手了？」全佳山道：「董老師來吧！」他心想，我全身都已護好，不管董師從何種方向進攻，我都盡可以守得住，豈知他話音剛落，就見到董師的前手一併身體，如一條大蟒蛇一般閃竄了過來，全佳山一驚一架，一股他從未感受過的雄渾力量直撲過來，將他連人帶門板，從董師的屋子裡飛摔出了屋子外頭。

全佳山摔在地上時，五內如搗，眼冒金星，他根本看不清董師是怎麼出手的，甚至連董師全身哪一個部位挨著他，他也不曉得，他只知道，今天他遇見的人，用了一種他前所未見的打法。

他深深呼吸了幾口氣，腦中的暈眩感也逐漸消除，全佳山翻身坐起，撲到董海川身前，用腦門的正中央給董海川磕了一個頭，這是武林的最高禮節，意思是殺人不過頭點地，我把性命交在老師手中了。

老衲瞎侃八卦拳史（下）

上回說到八卦門祖師爺董海川，教人練武啥都不練，就讓這幫徒弟轉一個圈，於是形成了各種風格的八卦掌流派，有說輕功八卦，硬功八卦的，也有說先天八卦（練拳之體），後天八卦（練拳之用）的，也有人直接分母掌（死步活步的基礎），變化掌（散招著法），散手掌（穿手實戰）的，也有些人並不歸類成體系，就是東一掌，西一掌的練，只要練出功就好，並不在乎八卦武學，教程本身的進階脈絡方法。

不過，無論八卦門後來演變出什麼東西，當初董師傳出的一個核心，是各家共有的，也就是那最初的繞圈子的練法，老衲以為，這應當是八卦門最核心的東西才是，若說一句學術上較真的話，幾乎可以說，你不懂繞圈，那你就不懂八卦。

是的，老衲這句話說得有些緊，事實上八卦門演變至今，這個繞圈子的練法已經很少有八卦拳師在好好傳授，雖然這並不礙於這些八卦拳師的實戰技擊功夫，畢竟格鬥的方式千變萬化，梁朝偉說的，功夫兩個字一橫一豎，對吧，只要你站著說話不腰疼，勝者為王，剩女無敵，你愛怎麼八卦就怎麼八卦，誰也管不著你，你揮舞著直勾擺把人幹躺了下了，然後說我這是八卦拳，好像也沒人可以說你不對。

現代拳師雖是這樣，但在老一輩的八卦門前輩那，可不是這樣，他們可是另有一套術語的，好比你說你練八卦拳，那時不叫做「練拳」或者是「練八卦」的，而直接叫做是「轉八卦」，或者可以說，「欸，我今天轉轉八卦吧！」，諸如此類，可知轉之一字在八卦門之重，而這個「轉八卦」是啥呢，當然就是走圈，以各種方式走圈，最簡單的方式，可能是母掌繞圈，可能是單雙換掌繞圈，又可能是各種變化出來的掌式繞圈，更有人直接踩方塊步三角步在小圈圈裏還繞小圈圈，不論如何，以上等等，通通歸類於一句話，叫做是「轉八卦」。

哎！約莫是侃起八卦拳，老衲說話就開始繞圈子了，看官們若聽得雲裏霧裏，那是正常現象，傳武圈就是這樣，若你聽不懂各種話中有話，套中有套，簡直無法在裏頭好好生存，其實這也是人情世故的本質，只是傳武圈把這些人性的醜惡面更放大了而已。

說遠了，拉回正題，開始說這個八卦圈子吧！

在說這個轉八卦走圈的練法，本質，與含義之前，先說說老衲聽過的幾種「走圈理論」，對於這個走圈，老衲過往聽過的解釋，可以歸類為以下三種，這三種解釋一層比一層深，分別以不同的概念解釋同一個問題：「練八卦，為什麼要走圈？」

是的，練八卦，為什麼要走圈呢？

第一種解釋是金庸式的，說轉圈的目的呢，是在實戰的時候，把對手繞到頭暈目眩，然後接應不暇，猝不及防，看出去滿天都是掌印，眼花撩亂，不戰而北，這一點說法，在金庸老先生的出道作《書劍恩仇錄》中，威震河朔王維揚死鬥火手判官張召重那一節故事中，有充分的描述，老衲就不抄書了。

可別笑，還真有八卦拳師是這樣解釋的，問他轉圈的目的？他直答以：「打架的時候，轉死對手！我一起步繞圈，對手就跟不上了。」老衲聽完以後，只是在心中狐疑，這老傢伙是不是沒看完《書劍恩仇錄》的故事啊？如果看完了，應當知道最高的武功是百花錯拳，又或者是庖丁解牛啊，怎麼還停留在威震河朔那老頭兒的功夫呢？

說完第一種解釋，再說第二種解釋，第二種解釋比繞著對手轉圈還要深奧一些，說這個轉八卦，走圈子的目的，是為了「避正擊斜」，這四個字什麼意思呢？就是你要讓開對手的正面，而斜向地從對手的側面進攻，這種解釋聽得好像有些道理了，不過老衲常在琢磨，人家教拳擊的教練第一天教完跳繩與左右直拳，第二天好像就開始教學生往側面一閃再打了，這不正是標準的「避正擊斜」嘛，該不會人家教拳擊的，也參了八卦身法？

正在老衲還沒琢磨出來這個問題之際，有一天，老衲不小心又看到了格雷西柔術中的「十字固」，這十字固中文字面不好理解，英文倒是直截了當，叫做armbar，簡單說就是以渾身雙手雙腳的力量，配合軀幹，抓著對手的左手或右手，任選其中的一隻手，然後用槓桿力猛折。

老衲尋思，不對呀，這十字固一使出來，不是在對手的左邊，就是在右邊，那不也成了「避正擊斜」了？如果是這樣，那格雷西柔術難不成也參入了八卦身法了？

持「轉圈就是為了避正擊斜」的說法的八卦拳師，不要說，還真是不少，只是老衲生平愛武，更喜歡橫向比較各種武術，以上兩個疑問舉出來，讓老衲至今無法確信這八卦轉圈，只是為了練側向攻擊的理論。

最後一種解釋，比前兩種解釋又更高了一段，是什麼呢？八卦拳師說，練這走圈，是為了練「借勁」，這一點當然比前兩種解釋高了不只一籌，只是老衲以為，「借勁」與「截勁」，雖然是傳統武術中非常強調的東西，但這其實只是一種人類共通性的，對抗時的力學原理的展現而已，所以並非只有傳統武術中才有「借勁」與「截勁」，老衲有次看到成吉思汗健身房的館長陳之漢先生，說他年輕時與畢經隆老師練對打，陳館長一拳上去，畢老師直接一個頭槌，用前頭蓋骨接拳，當場把陳館長的手腕震裂，這其實就是非常漂亮的「截勁」，而截勁與借勁是一體兩面的東西，一有都有，且是所有的打擊系武術，都應該會有的共通東西才是，說八卦轉圈只是為了練借勁，老衲不敢妄下斷語是與不是。

數學的邏輯推理方法論中，有一種叫「歸納法」，有一種叫「衍伸法」，還有一種叫「刪去法」，老衲以上已經幫看官們歸納，衍生，與刪去了三種解釋，剩下的即是老衲心中的正確答案，應該就不用老衲多嘴了吧！

當然，八卦門還有一些所謂的「秘傳」的練功法，如八卦樁，如七星竿（也有人叫雙頭槍）的，周繼春老前輩當年想跟孫存周學七星竿，碰了一個大大的軟釘子，可見八卦門內傳承之嚴謹與保守，不過，這些東西老衲還是以為，都是輔助董師當年傳出的那個圈子的練法，若是你懂轉八卦的原理，這些東西都不在話下，只是衍伸性的力學輔助而已。

一直想把八卦門的東西做一個小小的整理，疏理一下脈絡，因為真的太多太多不懂的外行人門外漢，對八卦門的武藝，有非常深的誤解，這幾天終於得空寫成此文，信者信，不信者也別來跟老衲囉唆，俺只是想科普一下八卦拳（掌）的常識，算是對董海川祖師的一個小小致敬而已。

說說八卦的八卦（三）

全佳山拜師董海川的消息，一下子驚動了整個北京城，那曾敗在董海川手下的京城高手，如尹福，程家兄弟，史六都出動了，紛紛向董海川懇求拜師，除了這幾個已然成名的高手之外，在宮裡負責煤球供應的煤馬家公子馬維琪，與修建木材營造的木馬家公子馬貴，聽說了這次董海川開山門，居然是請來奕公子做引進師，才說服得董師開門，也託人請求，一併要拜在董海川門下，俗話說窮學文，富學武，這兩家馬公子雖然在當時的北京城武行中並不出色，但卻也各自練了一身好功夫，可說是一時的青年才俊。

董海川一下收入了好多個可造之材，老懷大暢，搬出了肅王府，在北京城西找了一間清幽的宅子住下，這大宅是四進的院子，後邊還有一片小竹林，人工小湖，湖中有鵝有鴨，極是熱鬧，董老師住在這裡，顯得心情比先前在肅王府時好上許多，只是這置辦大宅的銀兩，絕不是肅王府護院頭兒可以支付得起的，大夥兒都在猜，可能是全佳山付的，又或者是這清幽大宅，根本是奕家的祖產之一，分一間給董老師修練授徒而已。

此時，大夥兒都聚集在董師宅中後院的竹林裡，靜待他們拜師後的第一堂課。

董師慢悠悠地從後院轉了出來，手裡拿著一把麻繩，在其中的兩根竹子上橫過拉起綁實，然後在竹林中幾個空出來的泥地上，用腳尖隨意地畫了幾個圈，手一指，道：「大家去轉吧！」說完，負著手又走回後堂休息去了。

大夥兒面面相覷，不知董老師這是什麼意思？這其中尹福年紀最大，個性也最為老成持重，大夥兒拿不定主意時，不由自主地都看著他，而尹福其實心底也不知道董老師葫蘆裡賣什麼膏藥，只是大家都尊他為大師兄，他不出個主意哪行呢？於是尹福咳嗽一聲，說道：「都去轉吧！」說完，他自己就走到了其中一個不大不小的圈子上，慢慢地踱步而行，繞起圈子來。

其餘的大夥兒一見，大師兄都開始轉圈了，自己不跟上怎麼行？也都各自認領了圈子，在上頭轉了起來，其中程老三找了一個最大的圈子轉，程老四緊跟在旁，也轉一個大圈子，而馬維琪也認了一個畫得不圓的圈子轉，史六抬頭一望，看圈子都被人認領完了，就自己學董老師的樣子，畫了一個圈，自個兒在自己畫的圈子上轉了起來。

馬貴年紀最小，也最不愛說話，看師兄們都在轉圈，牙一咬，他走到旁邊的麻繩底下，也不畫圈，就刷刷刷地轉了起來。

而全佳山站在一旁，看著大家轉圈，心裡納悶，這董老師究竟是啥意思呢？他慢慢地踱步轉圈，離大夥兒遠遠地，一面觀察著大家各自轉圈的樣子，一面思考著這轉圈的目的。

「這董老師身上的功夫是沒話說得，每個人與他一交手，都覺得身上不得勁，原本擅長的功夫，一項也用不出來，而且無論身體任何部位挨著他，就被一股驚彈如蛇的勁道打出，那還是董老師留著手，如果他把這打法化作掌指膝拐，那可不得了。」

「但若是問董老師這拳怎麼練出來，董老師總是笑笑不語，今天終於要給我們開拳了，卻讓我們在這竹林中轉圈子，不知這到底算是什麼？」

「這轉圈嘛……嗯……」

全佳山一邊思考，一邊身上腳上不忘轉圈，有時轉圈轉得興起，連手上也不自主轉起小圈來，一眾董師的徒弟們就這麼在竹林中練了個不亦樂乎，汗流滿地，人人練得暈頭轉向，卻其實都不知道，到底在練些什麼。

如是，三個月過去了。

八卦掌之養生主

老衲瞎侃的八卦拳野史，早已經寫完了，只是想再說兩句話，而說兩句話之前，先說一個故事做引子。

老衲有個文藝圈的好朋友，此君精讀老莊，因此咱們便先叫他「老莊」吧！老莊是個學問家，他精通老莊之外，山醫命卜相也盡皆無師自通，且有一定水平，醫可以開方抓藥，相可以斷人吉凶，端的是天才縱橫。

除此之外，老莊還有一個自小到大的興趣，便是籃球，對NBA名將如數家珍，且潛心研究各種籃球打法，這種精神，讓老莊一把年紀了，仍可以在籃球場上與年輕人馳騁爭鋒，樂此不疲。

當年一次聚會場合中，老莊與老衲碰巧聊起了倪匡老爺子，兩人一時技癢，鬥起了「誰對衛斯理最熟」的賭賽，最後不分勝敗，和平收場，自此交上朋友。

老莊知道老衲練過武，戲稱老衲是「自幼受過極嚴格的中國武術訓練」，老衲哈哈大笑，不置可否。

（老衲按：這句笑話若看不懂，請趕快去看衛斯理的一百四十五個故事，保證腦洞大開，人生格局觀點，從此翻轉，比任何從外太空聊到內子宮的節目都精彩一萬倍。）

前兩天，老衲手機忽響，拿起一看，原來是老莊私訊，一句話古古怪怪地，問老衲曰：

「你們練武之人是不是性慾都很強？」

老衲看到此句，差點吃到一半的飯沒噴出來，這句問題相當難答，說不是，好像滅了自個兒威風，說是，又覺得太過自吹自擂，有點老王賣瓜的味道。

說不得，老衲只好四平八穩答道：「看體質吧！這可不一定，不過運動本來就增進血液循環，身體比較健康。」，停頓了下，老衲又道，「不過……你怎麼突然問起這個？」哎！老衲還是止不住的八卦心理，八風吹不動，一性打過江。

於是老莊這才吞吞吐吐，說出事情始末，原來，他最近恰巧認識一個八卦拳師，那拳師邀約老莊，來場子裏玩玩八卦，老莊說好，沒想到才上幾堂課，性慾大增，頗覺古怪，想到老衲是「自幼受過極嚴格的中國武術訓練」，所以才一句話問過來。

老衲聽完哈哈大笑，解釋道：「八卦武藝，有很多調胯抽胯的動作，可能是因為這樣，所以才有如此效果。」

老莊不服，辯道：「我覺得不是這樣，以前我打籃球，難道胯都沒動？」

老衲一聽，覺得老莊之言頗為在理，看來調胯抽胯這種外形動作的外行話無法輕易說服他，只好跟著再多解釋道：「八卦掌看著動胯，其實不是動胯，而是運動到了尾椎骨的位置，尾椎骨又稱仙骨，傳有數節黏合，一般人這塊部位氣血不通，但只要一通，對『那方面』就會很有幫助，這只是人體自然生理反應，不足為奇。」

老莊聽完此說，連連點頭，道：「這麼一說，有些道理，算你還總算是練過兩手！」他緊接著又說：「這個東西很妙，練的時候很累，手抖腳抖，練完卻覺得渾身舒暢，跟練重訓練籃球那種感覺，全然不同。」

老衲一聽，來了興趣，問道：「你那八卦老師上課，都教了哪些東西？」老莊答道：「我不知道教哪些東西，只知道獅子張口、白猿獻果……什麼的，那是什麼？」

老衲一聽，開什麼玩笑，以才上幾堂，再加上這幾個成語推測，老莊不過就是學了八母掌的前幾掌而已，居然已收如此功效，真是神奇。

老衲認真鼓勵老莊：「才上幾堂課，俺以為並不是每個人都有這效果的，不過，既然有如此效果，代表這老師教的路子很正，又或者是老莊你天賦好，很可以好好學下去，不一定將來打遍天下無敵手呢！」

老莊連連搖手，道：「我只是好奇想學武術，看看它到底是什麼東西而已，千萬不要打架，我這把年紀了，可打不起。」

老莊這句話，一語驚醒夢中人，引得老衲再寫此篇，是啊！雖然老衲向來以為，練武功就是要以動手能力為依歸，可是，傳統武術的功能，並不止於此，老衲何必劃地自限呢？

說說八卦的八卦，前頭十幾篇都在講怎麼打架，最後一篇，總應該來寫寫八卦的養生功能了，其實，傳武裏頭也不止八卦門的東西可以養生，心意六合在上海時還有被圈內人稱為是壯陽拳的渾名，其他的常見功法，如易筋經或八段錦，又或者是太極拳，也都是非常好非常棒的健身武術。

傳統武術的概念，幾乎比較普遍的，都是希望學者先養出一個比常人壯健的功體，再來講打，而不是一開始就講打的，這即是所謂的「練養合一」，對於身體差的，要先養，養壯了再練，對於身體好的，一上手也是要練養合一，那種練功夫，先把身體練壞了的拳功，是給幫派裏最底層的四九打手練的，反正練壞了無妨，打死了更沒差，再找人補就是了，這種以練壞身體作為代價的「七傷拳」練法，是一點技術含量也沒的。

不知道為何到了現代，很多傳武的學練者，依舊對「七傷拳」練法抱持著崇高敬意，抱持著練武「練就對了」的傻觀念，膝蓋痛？練就對了，腰骨酸？練就對了，腦子越練越傻了？還是一樣，繼續練就對了。

其實這種「七傷拳」練法，在古代都是開香堂組織幫會時，教那些去送死的幫會底層小弟的，有一些武功大師到了現代，捨不得教真功夫，專教這些「七傷拳」，反正這些人會自我催眠「練就對了」，管他們去死。

老衲一個善打的朋友戲稱這些人為「二貨」，老衲聽了哈哈大笑，是苦笑，不是冷笑，這些二貨其實真是可憐，功夫沒半點，還一身病痛，這是所為何來呢？

練武，要能打天下第一，是很難的，要能長生不老，也是很難的，不過只追求一點生命的質量過得好一些，吃得下美食，喝得乾烈酒，睡得香熟，醒得自在，再加上渾身關節活動自如，筋骨壯健有力，頭腦清醒，能辨是非，這些應該是最最基本的要求，否則的話，練武何用呢？不如不練了吧！

老莊最後說：「學了幾天，覺得武術其實是很科學的，裏頭的陰陽五行是『黑話』，其實不是那樣的，就好比中醫裏頭的陰陽五行與術數理論中的陰陽五行，是永遠無法統一的，因為各自是各自的『黑話』，都是金木水火土，但背後所指含義大不相同。」

老衲聽了此說，只能再度哈哈大笑，看來這老小子，還真有點兒練武的天賦啊！

說說八卦的八卦（四）

董海川在這三個月中，什麼武學要點，拳學奧義，全都不提，只是講一些老生常談，諸如此類的敷衍用語，像是：「德安[1]，手上鬆一點。」「程三，放鬆一點去轉。」「程四，你比你哥更呆，打拳要靈活一點，知道否？」「維琪！殺氣別那麼重，只是轉圈而已嘛！」「世卿[2]，腰腿蹲下去，手可別也跟著下去了，要護著頭。」「賊腿，你轉得倒挺好啊！但太滑了，得轉的澀一點。」

史六在董師門下號稱賊腿，因為當時史六找到董師要試手，董師說，就跟他比比腿法，結果董師連出三腿，居然都踢不著拐不著史六的腿，可在史六正想起腿反擊時，董師上身一晃，就把史六打飛出去了，試手之後，董師笑罵，「史六郎你快腿的渾號算是名副其實，可以躲過我三腿的人沒幾個，你的腿可真賊！」

事後史六以董師這段話自豪，見到誰跟誰說，還放話出去，說我「快腿」史六之後就改號

1 尹福，字德安。
2 馬貴，字世卿。

「賊腿」史六，董老師說得好，腿快不如腿賊，我以前以為天下武功唯快不破，現在才知道天下武功，是「唯賊不破」，還是董老師高明，大家以後稱呼我「賊腿」史六，我更高興。

原來，史六的腿功原本只是腰胯鬆活，踢出掃出時迅捷無比，經董海川調教後，史六學會了腿功在空中變勁的妙處，一提腳看似要往你頭踢，待你手一抬要防，史六的腿就在空中變勁橫踹你胸腹，再搭配手上的雙掌調引對手的注意，對手再怎麼留神，也很難防得住史六虛實相間，陰陽變化的腿功。

不過這都是後話，掠過不談，回到正題。

雖然這三個月中，董師一句拳訣也不講，但這群徒弟豈是常人？各自都早是一方之霸，他們學拳多年，也有一定成就，但想要百尺竿頭更進一步，卻是沒門，這運道好不容易撞上了，遇見董海川，才隱約看到百尺竿頭上的那一小步可能的模樣，他們心底都知道，奇人必有奇行，不如此也不配稱作是奇人了，所以董海川雖然就是這麼敷衍馬虎地教著他們，可這群虎狼之徒，居然硬是一句話不吭，也從不抱怨，每天老老實實地在天未亮前，到董老師家中瞎轉一個時辰，然後各自幹活，回到自己家中以後，各人又各自在自己家中苦下私功夫，下什麼私功大呢？瞎轉唄，董老師要你們瞎轉，你們就瞎轉，囉嗦什麼。

三個月過去，董海川收的一票徒弟，啥也沒學到，就學了一個轉圈，好在董師的徒弟們每個都是花了大價束脩給董師的，沒人願意把自己大價買來的拳術輕易說出去，否則的話，若是傳到京城那幫拳棍賴漢耳中，還不知道要怎麼取笑以尹福為首的這票董氏之徒呢。

全佳山是旗人，與尹福等都不相熟，畢竟滿漢有別，一早在董師家練完拳，打個招呼就各自回家了，可董氏的那幾個漢人徒弟，在這三個月中混得老熟，他們私下比試，各有所長，但尹福家業最豐，據說光在北京城，就有六、七家鏢局，是有他尹家入的股，當然，尹福走過鏢護過院，在道上的事，本來也比其他幾個沒出過京城幾次的光棍了解，所以大夥兒都尊尹福為大師兄，惟他馬首是瞻。

八卦掌之指月訣

中秋月夜，老衲一個人待在家看電視，看到江湖好友好心幫老衲轉文，增俺氣勢名聲，不禁心喜若狂，淚水在眼眶裏打轉，索性再多聊兩句。

其實「轉走旋擰」這四個字在八卦門的口訣是「擰旋走轉」，擰是手上，旋是身上，走在胯上，轉在腳上，老衲寫小說故意把它反著來講，唬唬那些只知道死背拳譜的「拳呆子」，其實力由腳上往手上送要練，力從手上往腳下送也要練，不是都說要練成「整」勁嗎，所以練到最後，應該是手一動，腳下自然一抽，腳下一動，手上拳勁砰砰砰就打出來了，沒有什麼由上往下還是由下往上的問題，好比一根木樁，你轉動上面，下面當然跟著動，反之亦然。

除了這四個字之外，八卦門還有「滾攢掙裹」四字，這四個字是指勁在身上的感受的，滾是指勁是曲力非直力，攢是指勁有澀感非滑甩，掙指對拔對爭，裹指上下左右相合之感，現代有人解拳，把這四個字當作是四個獨立動作，老衲也只能笑笑而已。

人體表層肌肉走直線，若表層肌肉「化」掉以後，看似放鬆，其實底下的筋膜取代了表層肌肉的支撐力，所以您用肌肉做出來的力肯定是直的，但若用上筋膜，動作自然而然曲線化（但直線的肌肉此時不可拮抗拉扯筋膜作用），因為筋膜天生長得本來就是螺旋狀的，這一點很多筋膜解剖書上都有記載——不過俺以為看那些書沒用，還不如從古老的拳架中去體會，古人比現代人體悟深多了，看現代解剖書，誰知道過兩年會不會改版重畫呢?!

話說回來，人家以為的放鬆，其實不是放鬆，若你肌肉放鬆但無筋膜補償作用的話，一樣被壓著打。有名家高手之所以可以放鬆肌肉的接招，是因為他放鬆的是表層肌肉，但底下的筋膜起了作用；這個過程在很多古譜上都有，謂之「換力」、「換勁」，其實就只是用力模式改變而已，沒什麼大不了的，而練到全身筋膜節節貫通，就是整勁了，完全是人體工學與力學原理，一點不玄虛，而且這個變化是自然而然的，不是刻意營造的才是。

老衲一直認為，什麼外家內家，其實都是在練身體本來就有的東西才對，根本不是什麼秘傳，只是「發現」，而不是「發明」才對。

另外，太極拳中常常提到的「你正我斜」很棒，不過老衲以為更高一層應該是太極拳經中說的「我順人背」。意思是兩個人架構力學一碰撞，我的「念頭」比你快，已經抓到兩個架構合起來的力點在哪了，這時候我當然故意「合」在一個「我順你背」的位置，我這邊隨意動都很「得勁」，很順。但你原本穩穩的架構，給我一碰，覺得「不得勁」，使不上力，這裏頭有力學原理，也有意識的快慢問題，還有修為的熟練程度，傳統說的「截勁」為上，截的應該是這個東西才對。

對了，前頭文章裏說到勁與力，很多人好奇勁與力的分別是甚麼？老衲權且再深入說一說。

其實力與勁老衲真是不會分，不過要強分的話——力是死的、勁是活的。所以勁只是一種活力而已；或者說：力是偏靜態時的東西。好比你拿起舉起東西——「魯智深倒拔楊柳樹」——用的就是力。而勁呢應該是一種活性的東西，要在動態中掌握。好比一邊跑步一邊出拳、邊跑邊跳刷一下把腿踢出去——「武松醉打蔣門神」——兩個人都在動態活動中，那便是勁了。

原則上一般來說力好練，也實用；任你千招萬招，來了大力士來一把把你抓著，你啥招也沒有。

為什麼呢？因為你在動態中能發出的力是很小的。邊跑邊出拳，發出的力一定比你定步發力小；因為一般人「不整不合」，尤其在動態中更「合」不住，所以在動態中通常只能用上局部力，如此一來，在運用上便不如靜態死力。

但一流的高手卻是相反，在動態中仍能夠「合」得了，所以發出的力比靜態中反而大上許多；因為高手用的不是局部力而是整體力。所以蔣門神雖然比武松更為高大，但武松一喝酒，在動態中可以發出擊倒大力士的「活力」——也就是所謂的「勁」——不過名詞不重要，大概是那麼個意思的。

道理雖是這樣，但難的是動態中整身合住，這一點就是各拳派教程訓練的重點了；拳擊有拳擊的方法，傳武也有傳武的方法；都各自有各自的道理。此中深意，老衲篇幅有限只能草草略過不談。

——以上都是瞎講講的啊，老衲要去賞月了！

說說八卦的八卦（五）

當然，大夥兒也不是沒有討論過，董老師如此教法，究竟是裝神弄鬼，還是故弄玄虛，但每當大夥兒問到尹福，尹福總是搖搖頭說：「老師如此教，我們就如此練，總不會錯的。」

馬維琪最是火爆脾性，當著董海川的面不敢發作，私下可不那麼客氣的，他說：「我看啊，董老師的功夫，根本不是這樣練出來的，哪有人教人打拳，只教一個圈呢？我以前練大小紅拳的時候，天天盤功，除了七路套子之外，還要練硬十功，練軟十功，還要雙人拆手，除此之外，老師還得給咱講盤法勢理，董老師這樣教，算個什麼呀？咱們練了百日功，連他的拳是個什麼理，要練那些軟硬功夫，咱們啥都不曉得呢！」

史六聽完，咳了一聲，道：「維琪你別這樣說，俗話說一日為師，終身為父，哪有兒子這麼罵老子的？我賊腿史六向來誰也不服，以前我誰也瞧不起，什麼拳啊摔的，我起三腿，三腿之內一定踢倒你，我腿一揚的這個圈子，誰也進不來，還有誰能來跟我較勁什麼拳法摔法？但是我這打法，遇上董老師卻都不靈光，不知怎地，董老師身法好快，我腿還沒起就被他扔出去了，而且，即便是踢上了，也不著勁，董老師渾身黏膩，又有一種古怪的竄勁，怎麼踢也踢不實，董老師的功夫是擺在那兒的，你愛學不學，不學拉倒，總不成還要罵老師吧？」

程三在一旁笑了，說：「史六郎我與你卻是一對反差，你喜歡把人踢出去，我喜歡把人抓進來，可是我與你的感覺一樣，遇上董老師，啥都不成，我一抓董老師，他一抵抗，我就被彈飛起來，怎麼抓他的把，都抓得不牢不實，我也不知他是怎麼用力的，每次他貼身用力一掙我，都把我心裡震得砰砰跳。」

馬維琪聽史六與程三的言下之意，都是支持董老師的，他哼了一聲，望向一旁的程四，問道：「你呢？老四你怎麼說？」

程四咧嘴一笑，說：「俺聽俺哥的，俺啥都不懂。不過董老師教拳，的確教得亂七八糟，俺以前練摔跤，先空手輕練，再拿器械重練，最後拿人活練，一步一步地幹過去，董老師光教咱們轉一圈子，這要怎麼幹倒對手，俺不知道。」

尹福聽大夥兒意見不一，轉頭又問馬貴，道：「小馬，你怎麼看？」

馬貴年紀最小，性格卻是頗為堅毅早熟，他想了想才回道：「我真的不知道。」他頓了頓，又說：「我小時候練一點滄州的功力門，劈掛門，還有父執輩伯伯教的家傳的周氏連拳，也練過一點鄉下的土摔跤，玩過石擔石鎖，渾身也排過樹，滾過刀，氣血充盈，我能打能摔，也不怕打不怕摔，可是……可是好像不過就這樣了，鬥打，鬥抗，鬥閃躲，再加一點冷勁驚勁的虛實變化，引對方入彀的閃賺之法，搞得多了，打常人像打狗一樣，讓他們滿街跑，可是，可是……」

馬貴的面容雖幼，神情卻老，語氣深長地說道：「可是，武學一道，難道就是這樣了？前輩們百年前傳說的『以武入道』，難道就是像隻蛐蛐一樣，把瓦罐裡的其他蛐蛐都咬死了，就是『以武入道』了？」

尹福向來神色都是冷冰冰的，可他看著這一臉憂慮的小師弟，忍不住噗哧一聲笑了出來，尹福說道：「生年不滿百，常懷千歲憂，看不出啊！小馬你平時不說話，一說卻這麼一大堆心事，『以武入道』？那是古代江湖騙騙念攢子（江湖春典，傻瓜之意）的套路，你怎麼都已是道光年間了，還在提這？」

馬貴聽了尹福的說法，也不生氣，只是搖搖頭，上嘴唇緊咬著下嘴唇，雖然他欲言又止，卻再也沒開口了。

第二天在董海川宅中上課時，馬維琪沒有出現。

董海川眼皮一抬一掃，看眾人的神情，便已知端的，董師道：「維琪不來了？」

董師的徒弟一眾，都不敢說話，最後只好是尹福開了口，道：「是的，維琪說，來了三個月，只得一個轉圈，沒意思，不來了。」

董海川聽了尹福如此說道，卻沒生氣，微微一笑，又問：「你們呢？你們怎麼想？」

尹福等漢人徒弟面面相覷，最後吞吞吐吐地將各自的想法說了；各自說完之後，大夥的目光卻都往大師兄尹福看去。

輕功的真相

中國傳統武術自古以來，就有關於輕功的種種傳聞不絕於旅，一般來說，在武術門派中，以八卦門的輕功與自然門的輕功最為出名；當然，也有不依附於門派之下，單獨練輕功的，這一支較為隱秘，最出名的人物當屬民國二十年左右，在北平做案的大飛賊燕子李三，神出鬼沒，在民國初年時做下許多大案，最後落得警署緝捕鎗斃的下場。

這幾門的輕功，除了在各門派、各地區中所用術語不同之外，訓練的內容大致是相類似的，不脫跳沙坑、跑板、翻橫木、走籮筐、竄活板、走簷穿、跑爬山、壁虎功這幾個項目，然後依據身材高矮胖瘦，以及訓練的階段，有不同的鐵砂衣作輔助；有些門派，還會加入梅花樁的訓練，不過並不常見，多以南方拳派為主，可能是舞獅文化的餘緒。

輕功的訓練，自古以來便十分隱密，再加上民國以來武俠小說、武俠電影的渲染，幾乎已經到了神乎其神的境界，甚至參與了許多玄學的成分，其實，真正的輕功並不神祕，據俺所知，以下分述幾項常見的輕功訓練：

跳沙坑，就是在沙地上挖一個坑，由淺至深，讓練習者站定在其中，直立式地往外跳出，傳說中日本的忍者也會做此訓練，在多數傳聞中，沙坑可以隨著年紀見長而越挖越深，到最後三丈深的沙坑可以一躍而出，但，這樣的描述在現實中是不可能的，因為人的跳耀能力有時而盡，到了某一個階段後，再想寸進，難度是數以倍計，用數學來說，傳說中跳沙坑的成長曲線是線性，但在現實中會受到人類運動能力的邊際遞減而成拋物線，因此到某一個程度時，成長幅度趨近於零。

但無論如何，跳沙坑是一個古代常見的直立式跳耀能力的訓練，殆無可疑，至於為什麼是「沙」坑而不是土坑泥坑，應該是因為沙比較好挖，土比較難挖吧！

跑板，這項訓練是在牆邊立一斜板，初時角度較平，而越立越斜，最終角度可以幾近垂直，讓練習者在板上快速跑過而攀爬上牆，傳說中，技藝精湛的高手最後可以拿掉斜板，直接在垂直的牆上一跑而上；這種傳說與跳沙坑一樣，沒有考慮到人類的運動能力受牛頓萬有引力的力學限制，還有邊際遞減的約束；但無論如何，讓練習者習慣於在斜坡的角度上快速奔躍而上，是可以訓練得到的，實際應用時，只要隨手拿一塊木板輔助，就可以奔上三尺牆簷而翻入牆中，應該是沒什麼問題。

首倡內家三拳合一的民國武術家孫祿堂，形意八卦太極三拳俱精，一生授徒無數，其次子孫存周是家傳中較為突出的，據說有一次眾人在一上海富豪的大宅中，擠兌孫存周表演輕功，孫氏拉著大褂，在一剛粉刷好的白牆上直奔而上，留下三個黑腳印，想來就是這個跑板練出來的功夫。

翻橫木，就是在一條橫木兩側來回翻，可以以手借力從橫木之上縱跳翻身過去，也可以從橫木之下一穿而過（這一式是中國傳統武術的經典招式燕子抄水，幾乎各門各派都有此式），而萬籟聲寫的武術匯宗中，有一個專門設計的「跳臺」訓練此項。

走籮筐，即是在籮筐邊緣上踩行，而籮筐會隨著人的重心左右偏斜，恰巧可以訓練該人的平衡感，這項訓練現代也頗多見，著名的搏擊選手Conor McGregor的私人教練也帶Conor做許多平衡木上的訓練，雖然不一定直接對搏擊能力產生效果，但人體肌肉神經的平衡細微調校，是肯定有幫助的，當然，這項訓練不是單純的「走」在上面，進階還有許多功法，要在這「不平衡中找平衡」的狀態下進行，才能收效。

竄活板，這一項訓練的器材是，將一塊木板平放懸吊於空中，然後橫向練習者撞來，在要撞到練習者時，練習者以一個類似於游泳自由式跳水的動作，將身體由直立而打橫，從橫向撞來的木板之上穿過，藉此閃過木板，待在木板上一穿而過之後，再一個翻滾落地。

這項功法，是依據著中國古代建築，窗邊或牆中月洞的特色，訓練人體可以快速而隱蔽地一穿而過。

走簷穿，這項功法雖然名之曰「走」，其實跟走一點關係也無，走簷穿的練法是，在古代屋簷下垂的雕飾上，用手指之力捏住，然後雙手互換，像是猴子吊樹一樣，這一訓練現代人也常做，就是街頭健身所謂的monkey bar，只不過古代輕功對手指力度的要求更高，要用手指之力吊住全身，而現代人只是在架好橫杆體上用整隻手掌抓握，而這點，其實是因應借力點的形制有所不同而已。

鄉野奇譚中，常常會說到一則輕功傳聞：

在一客棧中，有個乾瘦老人大吃大喝之後賴帳，被店主責問：「你吃了俺半斤牛肉、八碗白飯、七盤小菜、外加三斤好酒，銀錢拿來！」那老人卻笑咪咪地說：「東家息怒，老夫一身也沒半斤，怎麼能吃你半斤牛肉呢？更別說那其他的了。」店主不依不饒，拿過秤來，結果老人一站上秤，果然不滿半斤，可能全身重量才二、三兩而已，店主只好作罷。

其實這樣的故事，流傳甚廣，各地都有這樣的說法，其實若是了解輕功的練法，就知道老人可能在一隱蔽處用手指捏住借力，將全身吊起，加上古代鄉下地方的人對力學原理並不了解，更想像不到光憑兩指之力，可以吊起全身重量，種種因素加起來，就被老人忽悠過去了。

反過來說，這也可以解釋為何古代的輕功高手，大抵又矮又瘦又小，像是前文提到的孫祿堂，八卦門的宮寶田，都被稱作是「猴子」，有孫猴子、宮猴子的渾號，可知其身裁短小乾瘦；而自然門的杜心五先生也是如此類型的身材，只是杜氏生前在廟堂上是國民黨革命元老，做過孫中山的安全保衛工作，在江湖上又是青紅兩幫的雙龍頭，如此威勢，可能無人敢以猴子戲稱。

跑爬山，就是依據山間叢林不同的地形，做針對性的跑爬追捕的動作，一般來說都穿著鐵砂衣或四肢綑綁青瓦薄片進行，以增加難度，待鐵砂衣與青瓦片除下之後，會有身輕如燕的效果。

一般來說，鐵砂衣的縫製法屬於秘傳，但多是為了合身，不使運動時重量亂晃；而四肢用青瓦或錫片，四方穿孔後以牛筋縛緊，固定於小腿小臂上增加重量，為何用青瓦？因為古代瓦片有一弧度，與小腿小臂較合，為何用錫片？因其軟也，更容易打成符合臂型腿型的形狀。

最後是壁虎功，香港動作巨星成龍的電影已經將壁虎功演繹得很到位了，就不再多說，值得一提的是，壁虎功分背面與正面兩種，正面的壁虎功比較好練（胸腹面對牆壁攀爬而上），但缺點是比較難眼觀四路，提防暗算；真正壁虎功的高手可以反過來上下牆壁，即是背對著牆壁，只靠手指反抓與腳尖腳根的力道上下。

從以上輕功訓練的項目與方向，可以知道為何古代輕功屬於秘傳？而且知者諱莫如深！因為在古代農耕為主的社會環境，大部分的城牆樓宇並不是太高，外壁也有許多坑洞凹凸之處，如果是「輕功」高手，那麼飛簷走壁，要偷盜一般小老百姓的住屋處絕非難事，這樣的狀況造成了傳授者對於擇徒的道德標準需要再三檢驗，以免所傳非人，另一方面，若是一個村莊中丟了重要珍寶，第一個會懷疑的，肯定是村中能夠「高來高去」的那些特定技能人士。

如此氛圍之下，自然輕功能者深藏不露，更別說公開談論輕功練法，真正的輕功只在保鏢護院，或者是飛賊大盜之間私下傳承，對外人閉口不談，更進而形成一種行規式的江湖道義，以保護那些會輕功者不會在不必要的時刻，惹上不必要的麻煩。

如此日久之後，絕大多數有練過輕功的武術家，是不輕易去談輕功的；而大談特談輕功的，多半是根本沒練過，或者一知半解的半吊子，而一般大眾對輕功的印象，也逐漸變成為武俠小說、武俠電影中那種輕飄飄的神蹟，而與真實的輕功相距越行越遠。

在現代建築體系，還有社會安全體系脫胎換骨之後，傳統的輕功已對偷盜一技，能夠使得上力的地方不多了，而飛賊這項職業一消失，相對應的護院一職，也根本沒有動機花喏大氣力去練輕功，好在，約莫在一九八〇年代，法國人貝里David Belle在某種機緣下，發展出了一種在城市間穿梭縱跳跑竄的極限運動，在爬牆、翻竿、滾地、躍房等種種極度危險中，讓身體做出超乎想像的反應與動作，他本人將這種技術視為一種訓練內心的身體運動藝術，而在電影、YouTube等媒體的推波助瀾下，練習者越來越多，各種高難度的炫技動作也越演越烈，形成一種有體系的運動項目，名之為「跑酷Parkour」。

在本質上，輕功的發明與發展是極為實用性的，偷盜與護衛，圍繞的是在江湖上混口飯吃的黑道與白道；而跑酷的本質不同，跑酷像是一種近現代的身體藝術，利用現代城市的各式建築特色，而在其間爬翻滾躍，使觀者產生出一種驚險式的美感，透過現代的媒體放大，算是一種行為藝術，也算是一種現代式的內外雙修的方法（跑酷除了身體機能要極度開發之外，內心的專注力更不可少）。

雖然本質如此不同，但發展出來的技術可說是大同小異，而跑酷為了追求極限，比之輕功更是猶有過之，而無不及，如果想要一窺古代輕功風采的，在現代，只要點點手指，連上網立刻可以欣賞到來自全世界各地的「現代輕功」高手的各種炫技，百花繽紛，五花八門，令人目不暇給。

時常覺得，活在現代真的是自古至今最好的年代，不知為何有許多人，偏偏喜歡蒙蔽雙眼，迷信古代，名為崇古派，實為迷古派，寫就此文，把俺所知道的輕功詳細寫出來，算是「武普」一下，讓練武的別做「武獃子」，而不練武的，也別做現代「武盲」啊！

說說八卦的八卦（六）

最後輪到尹福時，尹福說道：「老師要我們練什麼，我們就練什麼，只是……只是這個轉圈，好像與武藝之間，有一點……有一點八竿子打不著關係。」尹福才說完，怕董師生氣，又補充道：「德安知道，老師您向來以暗器輕功出名，不然您教教大夥兒暗器輕功，那也是好的。」

董海川聽完，沒有回答，轉頭忽然問全佳山，「山兒，你有什麼想法？」

全佳山一直笑咪咪地站在一旁，聽董師與尹福這群漢族弟子之間的對話，腦中思緒一轉，便知這群漢族徒弟們，嫌董師教得慢了，全佳山這人有一個個性，也或許這是富家公子們共有的個性，就是不急不緩，從小生活優渥的孩子，長大了就是氣魄大，我不差這一點錢，我也不必為了吃一口飯汲汲營營，我有的時間跟你耗，再不然，我也有的是銀子，從你這家買不到，我還可以去別家那買，所以全佳山並不急著想要學全董海川的功夫，他覺得董老師是個奇人，與其像其他八旗弟子們遊手好閒，遛鳥喝茶吸鴉片，他不如跟著董老師玩，玩一點是一點，悠悠哉哉，快樂適意。

但全佳山也非可以完全不考慮，這群漢族師兄弟的心情，畢竟同門師兄弟，照理來講親若手足，有時候還更勝親生手足，天天在一起打熬筋骨，對手法，對兵刃，玩勁道，玩身法，全佳山原來精通的壯拳，就是跟那群廣西野人家族裡的野孩子們玩出來的，全佳山與尹福等師兄弟，雖然還未至熟稔，但怎麼可以輕易得罪他們呢？

全佳山咳嗽一聲，心底已有計較，說道：「全佳覺得，老師這麼教，一定有您的理兒，全佳轉了三個月，日也轉，夜也轉，不知為什麼，身上轉起來越來越輕盈，雖然還說不出個什麼道理，但老師教的東西肯定是好的，」他說到此處，見尹福向來冰冷的臉卻若有似無的一沉，全佳山話鋒一轉，又道：「但是呢，尹大哥與程三哥都是京裡武林中的名人，每次京中武林辦聚會，不是在程四哥的摔跤場，就是在尹大哥的鏢局裡頭，更不要說史六哥了，京城的老捕快們哪一個不認識他？誰說到史六哥都是豎大拇指的，都說史六哥腿好，」

全佳山一邊說，腳上一邊踱著步，轉著圈，這是他這三個月來的苦功，甚至連作夢也在轉圈，所以一面思考講話時，也不由自主地轉圈子。

「這幾位師兄，名號在外都是響噹噹的，現在又拜了董老師您，師兄們自己即便有耐心，可旁人可不一定順著來，肯定要問了，您原本功夫這麼好了，還拜董老師？都學些什麼呢？露幾手來看看吧！」

全佳山說到這，偷偷地瞄了一下尹福，尹福的臉雖然仍是冷冰冰的，可神色已霽，他已料到全佳山要說什麼了。

全佳山接著講了下去，「可師兄弟們跟著老師，三個月多，只得一個轉圈，師兄們自個兒倒沒什麼，老師要我們瞎轉，我們就瞎轉，可若旁人問起，師兄們只能老實答道只得一個轉圈，這答案……這答案……怕墮了老師威名啊。」

董海川聽了全佳山這麼說，冷笑一聲，罵道：「當年我在雪花山練功，三年無分寒暑，也就練這麼一個轉圈，你們倒厲害了，才練三個月，就都耐不住了？圈子都轉好了？都轉來給我看看，你們究竟在瞎轉什麼圈！」

尹福等本來聽著全佳山幫著講話，心底都道這旗人公子聰明，腳下轉圈，話中也繞著圈，想如此一來，董老師肯定會多教點兒東西了，豈知董老師說變臉就變臉，居然罵了起來。

尹福、程三、程四、史六、與馬貴等都是漢族，漢族的傳統向來極重師徒，師比天大，一聽老師如此生氣，刷地一聲，通通都跪了下來，磕頭不止，齊聲連道：「老師莫生氣，徒兒們繼續轉圈便是。」

場子上董海川端坐於老花梨木太師椅上，尹福等齊跪在地，只有一個人站在廳中未跪，不但未跪，還疾轉不休，圈子越轉越小，身上帶起的勁風卻越旋越大，全佳山像是一只人形陀螺般旋著，忽地煞住，渾身騰起在空中翻了幾圈，澎地一聲，落地時已成跪姿。

全佳山對董海川磕頭，說道：「老師，全佳終於懂了！原來是這個！」

你以為的太極拳與實際上的太極拳

老衲從小在傳武這個圈子裏鬼混，看過、研究過的武術書籍不知凡幾，發現近年來的武術書籍，尤其是傳武這一塊，開始瞎編歷史的很多，不知道是不是因為資訊爆炸時代，人人都已經對傳奇掌故麻痺了，所以各拳派的行銷弟子，為了招攬生意，將拳派故事越寫越神奇，以刺激大眾，引之入彀，每一派祖師爺幾乎都被寫成武聖化身，古可直追關公岳飛，今可比肩阿里泰森，奇之又奇，玄之又玄，強之又強，寫武術史來好比仙俠傳奇小說，而猶有過之。

是以偶爾想寫一點武術史，留下一點小小記錄，這些材料來自於老衲小時候聽上一輩拳師口述的，又或者是小時候讀過得比較詳實可信的書，看官們各自隨意，信者恆信，不信者就當是老衲的一家之言，別來找老衲囉嗦，而談到傳統拳藝，吃瓜群眾們最關心的，當是太極拳這門武藝，因此先從太極談起吧！

最早命名「太極」這兩個字的拳法，來自於河北永年的楊露蟬先生，楊老的來歷眾說紛紜，尤其又在武俠小說家白羽一紙《偷拳》的小說推波助瀾下，讓楊老的出身更加傳奇，但，其實「偷拳」故事的原型，在傳統武林流傳甚廣，最早在河南心意門便一直流傳祖師爺馬學禮自姬家偷拳的故事，白羽只是把故事原型套用，換成當時北京最流行的楊家太極，安插在楊露蟬先生之上，事實上老衲以為，楊老偷拳的對象，若是陳家溝的陳氏拳，是萬萬不合理的，蓋因陳家溝的陳氏拳，在訓練上極其重視雙人推手的練習，若是偷拳的人只在旁邊看，不加入推手訓練，要如何明白老師的推手內在勁道呢？這個藉由推手明白內勁的過程，在楊家太極中俗稱「懂勁」，是有一個這樣的專有名詞來重視它的，可見一斑，若是楊露蟬公當年只是在陳家人旁邊「偷拳」，那要如何「懂勁」呢？可知這楊露蟬的太極功夫，是來自偷拳一說，十分的不合理。

（但這樣的故事安插在心意門馬學禮祖師身上，卻有某種程度的合理性，但這與本文無關，略過不提。）

扯遠了，回到這「太極拳」的首次命名，這楊露蟬先生，相傳一身拳藝，到了當時的北京教拳謀生，在一次公開比武下，被當時清廷的翁同龢見到了，這次楊露蟬的比武，是他人生中最重要的一次比武，因為這次比武，被翁同龢見著了，同時也確立了「太極拳」的命名，這堪稱是中國近代武林史的一個極其重要的milestone，里程碑是也，因此很有必要好好地介紹一下翁同龢這個人。

這翁同龢家世十分顯赫，老爹翁心存是道光年間的進士，後來一路作大學士，又做到上書房行走總師，不知那是一個什麼職稱，但總之十分響亮便是，而老哥翁同書做到安徽巡撫，還是清末達人李鴻章的對頭，曾被李鴻章彈劾數次。

這麼樣的一個豪門書香世家子弟的翁同龢，在年紀輕輕二十六歲之際，便高中了咸豐六年這一年的狀元，十分意氣風發，老衲推測，翁同龢見到楊露蟬比武，應該是在這一年之前，也就是翁更年輕的時候，為什麼這麼說呢？因為翁同龢比楊露蟬小約三十歲，翁二十六歲高中狀元之際，楊露蟬也已經五十六歲左右了，諸君有見過五十六歲的老翁還親自上擂台的嗎？極少極少，且楊露蟬公只活了七十一二歲左右，以五十六歲高齡才靠比武發跡，太極拳不太可能在北京發展到人盡皆知皆練的地步。

當然，現代人中，也有猴鶴雙形的陳明崙老先生六十餘歲才因與日本人比武，而聲名大響，但那畢竟是異數，且在陳老比武之前，鶴拳早就在台灣深入人心，並非像楊露蟬一般，楊公當時的拳術，在北京聞所未聞，因此才有那麼大的震撼。

又扯遠了，好了，其實這哪一年比武的並不重要，重點是，楊公當年來到北京城，好比鄉下人進大觀園，沒點本事來哪壓得住這票頹廢的老資產階級？因此天天比武，甚至在北京城打下了「楊無敵」的稱號，但比武獲勝，看似風光，卻沒什麼實際的經濟用途，好比中國有散打冠軍最後淪落到在澡堂幫人搓澡的，比武勝利只是一時，養家活口卻是一世，而這一天也是時該楊公撞大運，楊公比武時，被翁同龢見到了，翁當時看到楊公的身手之妙，前所未見，好比當年杜甫見到公孫大娘舞劍，神為之奪，目為之炫，翁雖然沒有杜子美的文采，但畢竟也是讀書人，驚訝之際，給了下列數字評語：

「楊公身似猿猴，手似運球，好比太極渾然一體也！」

也不知怎麼，楊露蟬一輩子與人比武，從來沒有被點評地如此到位，好球星遇上好球評，交會時互放的光亮，一時間楊公腦中靈光一閃，說道：好，我這拳，以後便命名為「太極拳」。

這便是太極拳真正的命名由來了，什麼張三丰什麼上古老子陰陽神拳，那都是武俠小說家的加工，真正的太極拳由來，其實只是當時的某人對楊露蟬身手的一句評價，其實這句評價，到底是不是翁同龢本人說的，老衲都持懷疑態度，不過不可否認的是，楊露蟬公當年的徒弟學生，無一不是北京旗人的王公貴族，因此比武時，翁氏能站在邊上觀看，也不足為奇。

楊露蟬的太極拳，通過比武與教導上流社會等等策略，在北京城爆紅起來之後，有人便想到了，楊的拳學源自於陳家溝，要與楊露蟬學，不如直接找陳家溝這個源頭學！因此後來陳家溝正宗傳人陳發科老先生，才有了到北京授拳的機會。

這種故事其實上世紀末也發生過一次，格雷西家族習練的柔術，通過ＵＦＣ異種武術格鬥大賽爆紅之後，格雷西家族在巴西所開設的武館大排人龍，而也有人想到了，與其找格雷西家族學，何不如找柔術的源頭日本柔術學習？如此，一樣帶動了一波格雷西柔術熱潮，與日本古武道柔術熱潮，甚至是柔道的熱潮。

可知人心不分古今，都是一樣的。

回頭說來陳發科老先生，陳老功夫精湛，人也溫厚老實，初到北京時，有人問他是否教授的是「太極拳」？陳老當時還嚴詞否認，說他教的是陳氏拳，又有砲捶之名，並非什麼太極，這個否認之詞，並非老衲瞎編，白紙黑字，記錄在當時的報紙還是什麼文獻上有的，可是後來，陳老才知道楊家太極在北京的大名，讓你不承認這是太極都不可以，只好從俗隨眾，改口稱陳氏拳為陳氏太極，而楊露蟬公所傳的，為楊氏太極。

值得一提的是，古傳的陳氏拳據唐豪、顧留馨等人的考據，在老譜上一共有七路，分別是陳氏拳頭套、二套、三套、四套、五套，與大小紅拳及砲捶，而陳發科老先生當時傳出的，只有陳氏老架一路，與一路砲捶而已，故唐豪等人推斷為陳氏拳其他套早已失傳，老衲認為此說並不正確，因陳氏拳歷來保守至極，祖宗的東西未必捨得傳出來，而十年文革時，陳老的小兒子陳照奎因故落難，被上海都文才先生保護在家中，陳氏感念其恩，將七路陳氏拳通通教出來給都文才先生，有此一證，可知陳氏拳七路，其實並未失傳。

為何老衲認為，那都文才的七路陳氏拳，便是陳家溝老譜上的那七路呢？非關人事，老衲是從拳理上看的，河南溫縣陳家溝世傳的陳氏拳，最重要的核心概念是什麼呢？老譜上清清楚楚寫的明明白白，是謂「纏絲」是也，陳氏拳最初設計拳架練習的概念，即是「纏絲」這一個奇特的渾身螺旋運動，而今天外傳的陳氏太極，雖有纏絲之理，卻無纏絲之形，而都文才教出來的陳照奎七路陳氏拳，卻是有非常明顯的纏絲之形。

說到這，又牽扯到另一個武學教學的問題，很多現代傳武在教學的時候，都是理論多於實際，好比氣沉丹田一說，老衲認為，正確地傳授方式，應該是待學員自行練出氣沉丹田的真實感受之後，再告訴學員氣沉的理論，因為理論上，合理的訓練必能達到這樣目標，這種教法，老衲謂之為「拳內體悟」的教法。

而現代人教傳武，大部分是顛倒過來教，有點類似於催眠術，學員根本啥都沒體會，便忙不迭地告訴學員，我這個乃是「氣沉丹田」、我這個乃是「落地生根」，我這個是……，事實上，這與武學的內容通通無關，而只是通過一而再再而三的重複訴說同一願景，造成學員的錯覺，以為自己的功夫便是如此這般，這種口水多過汗的教法，老衲謂之「拳外理解」。

回說纏絲，纏絲並不是你整天口口聲聲唸唸叨叨纏絲二字，即可練成的，非要有這纏絲之形的輔助才可，有纏絲外形輔助，最終才能得到纏絲內勁的養成，這應該才是比較科學的訓練模式，而以外形看，都文才傳出的陳照奎七路纏絲陳氏拳，以訓練纏絲的角度上看，對纏絲的訓練較深化，也較合理。

當然，沒有這外型能不能練出功夫？當然能！武學即是格鬥，內容包羅萬象，失之東隅收之西隅，沒有這外形，未必練不出來好功夫，楊露蟬公學了陳氏纏絲拳之後，其實他也不那麼講究纏絲了，一樣出功夫，現代人動輒言必稱纏絲，好像這是什麼武學至高境界一樣，老衲以為大可不必，老衲的心意師父說，拳有千變，但一圓不變，講圓就好了，纏絲二字回歸給陳家溝陳氏拳，那是他們祖宗的想出來的智慧產權，註冊商標，尊重一下何妨。

回說拳理，為何陳氏太極的古傳講究纏絲與推手呢？老衲以為，原始的陳氏拳是一個重拿法，即是站立式反關節技的武術，拿法在上半身來說，重點在手腕、手肘、最多加上肩與頭，要準確捕捉擒拿住這前兩道門，反覆的螺旋纏繞練習必不可少，是以陳氏拳以纏絲作為單人訓練，此動作可以纏人，也可以解開被人纏上之際，而使用推手作為有條件式的雙人互練。

而楊露蟬公學來以後，有他老人家自己的創見，楊公認為勁性才是拳中的重點，是以楊氏太極以玩勁為主，發人為上，能發人而不使人痛者，或發人不使人知覺者，皆是玩勁玩得爐火純菁之技，雖然與實際打鬥不同，不過不可否認，楊氏太極提煉了拳中的內勁之學。

而楊露蟬的拳學，徒弟全佑學來之後，又為之一變，全佑公為旗人貴族，自幼摔跤摔得極是精熟，將楊氏太極學來之後，自然而然與他原本的摔跤之技融合為一，是以傳給他兒子吳鑑泉公之後，這太極融合摔跤的面目為之一變，是為吳氏太極，全佑公的兒子為什麼姓吳呢？蓋因全佑公為滿人，滿姓為烏佳哈拉氏，化為漢姓時以吳音譯烏佳哈拉也，所以若要考古認宗，當稱吳氏太極為烏佳哈拉氏太極才對。

說起吳氏太極，現在很多人以吳鑑泉的大公子吳公儀在香港與陳克夫的公開比武錄像說嘴，認為傳統武術都是騙子云云，老衲是這樣看的，吳氏太極原本發展脈絡下來，就是從陳氏的纏絲擒拿，楊氏的勁性把握，一直到溶入祖傳的角力摔法的一個東西，可從始自終，沒有練習過拉開距離的散手，如拳打腳踢之類，要知道擒拿的搭手距離，或是摔法的纏抱距離，兩人都是有接觸且極為靠近的，而吳公儀在擂台上完全採取與陳克夫拉開大距離來打，第一，吳本來就沒有練習過拳打腳踢，拉開距離的打法，第二，這種打法亦非吳氏太極本身習練的專項，好比要一個從沒練過地板功的拳擊手，要他躺在地上與對手扭抱一樣，當然非常非常地生疏而不熟悉。

綜合以上，老衲還是認為，若要以陳吳比武的錄像來評價吳氏太極的價值，是非常不客觀與武斷的，吳氏太極自有吳氏太極的優點，而且從古至今，那一個拳派是沒有輸過手的？以吳公儀一人比武之成績來看一門拳派，甚至是整個南拳北腿整個武林，是非常幼稚與不成熟的想法。

至於有人問，為何吳公儀要在萬人觀看的比武擂台上，採取他自己並不熟悉的打法？這點老衲也百思不得其解，還要請高明見教。

陳氏、楊氏、吳氏，這三家太極，便是真實世界中，最老的三家太極拳，與張三丰沒一點兒關係的，據金庸記載，張三丰所創的太極拳，只有一個半殘之身俞岱巖聽過口訣，但沒法實際下場訓練，而張無忌那渾小子連趙敏與周芷若都搞不過來，還一心往波斯小昭那邊跑，這張三丰的武當太極，肯定早就失傳了吧？而現實歷史上，清末民初風靡北京的太極拳，百分之百與金庸寫的不一樣。

最後說明，老衲本身雖然會太極，但不練也不教，所以別來問老衲太極的功法技術，而以上拳史，純粹讓各位看官鬥嘴磕牙用，愛聽便聽，不聽拉倒，看看翁同龢，練武與讀書，還是讀書好些，看翁與陳、楊、吳諸位的成就，上網一查，便知分曉，人家翁同龢的維基滿滿都是資料，可是武術拳史，缺篇斷簡的甚多，剩下的一點，還只是山野荒人的口述資料而已。

說說八卦的八卦（七）

上回說到，董海川正在斥責徒弟之時，一旁的全佳山仍然繼續轉圈，轉到極處，騰空翻起，在空中幾個螺旋，跪倒在地，才向董師磕頭，並道：「原來是這個！」

尹福一眾在旁邊背上手心都是冷汗，心想這旗人十分不懂規矩，這下可慘，豈知董海川不怒反笑，頭一揚，問道：「你懂了什麼？」

「這轉圈子，是為了消除我們身上的拙力，以勢取力。」全佳山語氣平緩，話語背後，藏著堅定。

董海川聽完這話，先是一愣，隨後一陣沉默，「山兒，你天賦可算不錯，」董師嘆了口氣，說完手一擺，道：「好了，你們都起來吧！」

「山兒這個領悟，可算入門，這『轉』字訣過了檻，好，我今日就再教你們幾個字訣，讓你們回去可以多些東西練。」董海川說完，便從花梨椅上站起身來，眾人面面相覷，不知道為什麼董師心情轉變之快，難道，難道真的被全佳山說中了？這轉圈是為了消除身上的什麼笨拙之力？什麼力是笨拙之力？還有那以勢取力又是什麼？沒有力，怎麼打？

雖然眾人心中疑惑，但表面上，都裝著一副豁然開朗的樣子，微微點頭，站起身來，畢竟他們除了試手，真的很少見董師站起身來好好示範，只有全佳山不忮不求，不卑不亢，站起身來，在一旁默默等著董師開示。

董海川緩緩走入場中，繞起圈子，邊繞邊說：「我們這派武功，最重要的便是轉圈，第一個字是『轉』，再來一個字是『走』，」

董海川本來在場中慢慢繞著圈子，這『走』字訣一說，身子更快了，但看起來卻是轉起來更澀了，尹福不禁微微皺起眉頭，程三、程四都是武癡，邊看邊學邊做，也在一旁模仿起來，史六身上不轉圈，但也是邊看邊模仿，雙腿繞起圈子來，揣摩董師其中的意味，馬貴則是瞪大了眼，生怕接下來，眼一霎，便錯過了什麼。

董海川本來只是轉著圈，轉著轉著，順著這股轉勢，身上一扭，手提了起來，向著圈中，身上不停，嘴上說道：「『走』字訣之後，便是『旋』字訣，這『旋』字訣講的是身上，」他邊講邊演示，然後手上一裹一擰一頂，像是把身上的氣勁，又帶到了手上，「最後一個字訣，便是『擰』字訣，看懂了沒有啊？」

董海川又再多轉了二三十圈，確定每個徒弟都點頭了，才停了下來。

「老師，我有問題。」馬貴忽然開口問道。

董海川眼神一瞄，道：「世卿，你說說有什麼問題。」他饒有趣味地看著這個年紀最小的徒弟，等待著他的發問。

馬貴生性持重，他把問題又再多在心底繞兩圈，確定這真的是一個疑問，才問出口：「這『旋』字訣與『擰』字訣，尚算好懂，但這順序……『轉』、『走』，這兩個字訣，可不可以請老師再開示一點？」

程四在一旁吁了口長氣，老實說這四個字他一個字也不懂，心道好險，小馬已幫他問了兩字，回去練習時，若是兩字懂兩字不懂，那應該還可以練練。

只見董海川一笑，道：「因為你還沒有攻破『轉』字訣，所以才有這個疑惑，功夫這玩意就是這樣，一層不到一層迷，也罷，我就再說說，」

董海川又在場中轉起圈來，道：「這轉圈最重要的，便是練出『勢』來，練出勢來了以後，還要將腳底下的東西結合起來，兩股勁道擰成一股，」董海川一面轉著圈子，一面若有所思，「我聽說，京城的楊無敵楊露蟬，教導的太極拳學是從地底根兒往上練，我們這個東西不同，是從空中開練，然後往下鑽。」

程四此時忽然大叫一聲，道：「啊！老師您都還沒有說過，我們練的這兒玩意，名稱是啥？」

董海川一聽此言，立馬罷手停身，不轉圈了，手一負背後，臉色一沉，斥道：「程四你到底來我這兒，是來練功的，還是來研究名稱的？都回去練吧！功夫功夫，練出功夫才重要，管它叫什麼名字？」

武行裏的營生（一）

記得老衲小時候剛剛開始看《射鵰英雄傳》的時候，總有一個疑問，那就是這些古時候的大俠們，究竟是做什麼工作謀生的呢？

北丐洪七公最沒勁兒，身為乞丐頭兒，躬先表率，掙錢的營生必得是做乞丐了，可惜堂堂一身武藝，落了個沿街乞討的日常，偶爾興起，翻入大宅偷吃白食，但這畢竟也算不上是什麼光宗耀祖正大光明的事兒，如此寒酸，難怪至死娶不上老婆。

南帝一燈最無趣，身為退位皇帝，是公務員中的至尊，雖然退休，可來自大理宮中的供養肯定少不了，乾領一份薪不做事，只要大理政府不破產，一燈他老人家自可以悠悠閒閒地闖蕩江湖，只是不知漁樵耕讀四位從原本的大將軍大宰相位子退了下來，是否還是可以繼續領退休俸？俸祿是否會因大理國稅收開支等入不敷出而砍半減免？不過一想到大理國國都滅亡了，這朱子柳、武三通的後代子孫們，還可以安安穩穩地在崑崙山絕頂蓋別墅（見《倚天屠龍記》），就知道當時大理國對退休公務員，還算得上有情有義；寧可讓國家倒閉，也不能讓退休公務員撙節。

一北一南，剛好是極富與極窮的代表。而西毒又是如何？書中只說他歐陽老先生是白駝山莊莊主，這白駝山莊是幹啥的？書中沒有明說，但肯定駱駝是很多的，還可能是通體純白的特有白化種；再算上歐陽鋒深目高鼻，身穿白衣又身處西域，養了一堆可用來當做傳輸工具的白駱駝，猜想他歐陽家可能做的是東方到地中海、拜占庭的貿易生意，至於貿易的商品是啥？第一個可能就是出口中原邊疆的毒蛇（買家可能是印度弄蛇人或者是東羅馬貴族當玩物），第二個可能是人口販子，而且性別還可能限定是「女子」，男子不收——歐陽家若沒有經營販售女性人口的話，那歐陽克身邊召那麼多漂亮女人幹啥呢？

（老衲按：到今天為止，歐洲的性工作者最大的貨源，便是東歐女子，可見歐洲人從東邊進口……進口女子，此道是從古已然，於今猶盛，是有其文化傳統根源可尋的。）

南宋時期，貨物保險這種商業系統還沒發展起來，中東這一段沙漠地區又有許多分裂小國，路途中難免有強人打劫、賊匪攔路，因此貿易商人需得練就一身高強武藝，也是在情理之中。歐陽家的白駝山莊，興許便是做這等見不得光卻又能大發利市的大生意的。

而東邪黃藥師的資產來歷更奇，一出場就已經是東方小島上的島主，但他這個小島一無自然資源石油銅鐵礦等可供出產，二無經營觀光旅遊覽勝等業務可以收入，別的不說，光是整個小島上養活的一眾啞僕的吃喝，還有整座小島上花肥樹木的照護修剪工作，就是一筆不貲的費用。

那麼黃藥師的財富從何而來呢？書中雖未明說，可是輕描淡寫了一段話：「黃藥師當年縱橫湖海，不論是皇宮內院、巨宦富室，還是大盜山寨之中，只要有什麼奇珍異寶，他不是明搶硬索，就是暗偷潛盜，必當取到手中方罷。他武功既強，眼力又高，搜羅的奇珍異寶不計其數，這時都供在亡妻的壙室之中。」

從這段話中聯想推敲，可以知道黃藥師的出身，乃是一名陸地上的小偷，湖海中的大盜，總之是作沒本錢的買賣；看到別人家裏好的，順手拿來就是，難怪三徒兒曲靈風有樣學樣，也喜歡不告而取，最後動手動到太歲頭上，終於被皇宮侍衛給擊斃。

於是乎東邪西毒南帝北丐，一個小偷、一個大賈，一個皇帝、一個乞丐，最後再加一個叛軍首領轉職的老道士王重陽，就基本是《射鵰英雄傳》中前期武功大俠們的職業概況了。

而射雕書中的主角，郭靖出身十分幸運，從小一起騎馬射箭、滾泥巴鬥摔跤的，個個都是蒙古貴族後裔，雖然血緣不正，但在講求實力不講血緣的蒙古部落中，還是得到一代天驕的青眼，召為駙馬，南下的時候，一出手黃金加寶馬，這寶馬還是限量款，全世界僅此一匹，他郭靖小子送出手後，眼也不眨一眨，睫毛一絲沒動，這氣派氣魄之大，當場就把江南第一千金黃蓉給鎮住了。要知道黃蓉背景也非泛泛，伊可是偷出一座島來的黃藥師之獨生愛女，什麼珍奇異寶沒過過眼？唯獨這傻不愣登又多才多金的渾小子沒見過，從此一見之下，暗自心傾，收拾起大小姐公主病性格，力助其夫功成名就，讓郭靖從此平步青雲，未到四十，已經隱隱然有武林盟主的氣象。

郭靖在遇到黃蓉之前，經濟來源無慮，有成吉思汗鐵木真鼎力相助，而遇上黃蓉之後，基本上他已跳上完全不同的社會階層與人生階段，金錢關早對他來說不是個事兒。回蒙古，要錢有錢要人有人，呼朋引伴的發小都是蒙古朝廷最精英的將領，更不要說差點成為成吉思汗的女婿了；郭回大宋，他掌握了武林半壁以上江山的人脈，北丐嫡傳弟子，北方第一大幫幫主的夫婿，東方第一神偷黃氏的女婿。那南方大國退位皇帝出家名為一燈的，無子無女，可唯四親近的徒弟們被郭一人之力打得服服貼貼，不得不鞍前馬後的從旁協助；更不要說原本上一代的天下武功霸主王重陽，王留下的九陰真經被郭一人獨呑，還與上任霸主的師弟拜了把子，才學幾天，對全真一脈的功夫認識已經遠遠超過隨師幾十年的全真七子。

在上一代的武林格局中唯一不服郭靖的，只有來自西域（中東）的大賈西毒歐陽，結果私生子被先殘後殺不說，連自個兒也被逼得發瘋遁走，在最後的華山論劍大結局中，西毒歐陽老先生被黃藥師、洪七公以車輪戰的方式打消耗戰，最後在上一代黃、洪的默契與相讓下，順利地讓郭接班接上了中原武林的盟主地位。

在蒙古，郭靖永遠不是一個純種的蒙古人，而是一個入贅到鐵木真的窮女婿，彷彿二等公民，需要不斷地在蒙古軍中立功立威，才能維持住其地位；而在南方大宋則不同，他恍若天選之子，事事樣樣順利幸運，可以與他一爭的武林第二代通通給幹趴下，所謂「好漢不掙有數的錢」，以郭靖的人生選擇來說，在北方蒙古，他永遠有一道玻璃天花板，上不去搆不著的；而在南方大宋，他的人生才真正有無限的可能性。

最後，郭靖理所當然地選擇了南方的大宋國。

長大之後，再重新看小時候著迷的小說，忍不住把每件事都往經濟規律上想，而把什麼道德啊、忠君啊、正義啊，都先放到一邊去，純粹從合理性、經濟性來思考每個角色背後的想法與生活背景，這麼讀書，蕩氣迴腸的味道雖然少了些，可在人情與世故的體會中，也是別有一番趣味的。

說說八卦的八卦（八）

其實那一天，馬維琪本來是要去董師家中習武的。

他背後罵歸罵，可是董海川的功夫，是紮紮實實擺在那兒的，吃不下繞不過，沾上就飛，這可是大家都承認的，他馬維琪雖然不高興董老師的教法，但沒必要和自個兒的功夫過不去，他不去董師那，萬一尹福那些師兄弟都練成了，那還不轉頭回來嘲笑他意志不堅嗎？他馬維琪是京城最大的煤球鋪的少東，可丟不起這個人。

所以他即使心中百般不願，還是得去董師宅子繼續學，萬一他不去的那天，董師終於教起真東西來了，那可怎麼辦？

可壞就壞在，馬維琪那天早上，忽然做了一個決定，他先去城南郊外那家回族人開的牛肉鋪子喝碗牛肉湯，他想，好久沒喝牛肉湯了，我今日去董師宅子練武之前，一定要先喝碗牛肉湯再去。

人生的很多事情就是這樣，像是宇宙真空中的物體，在軌道上稍微有一外力略施，初時只偏移一點點，到後來，卻是會越偏越多，差了幾個星系。

回頭說那碗牛肉湯，那碗牛肉湯，是京城南郊外的一回族市集，其中一個馬姓回族所開，鋪名呼「清真第一牛」，不知道為什麼，回族人特別會吃牛肉，醃煮滾燙出來的牛肉，散發著一股牛味兒，是京城內各家牛肉鋪子，都做不出來的，而馬維琪生平喜歡吃牛，常常與馬貴辯論，到底是牛好吃，還是螃蟹好吃。

馬維琪這早出門前，想到了小師弟馬貴，心想他吃蟹畫蟹，都搞出名堂，我馬維琪只會吃牛，卻不會畫牛，好像輸了他小馬一截，改日也去學學畫畫，增加點兒修養，不過，在學畫牛之前，先讓我喝兩口牛肉湯吧！就是這個一個念頭打算，拐了個彎，讓馬維琪這早先不去董師宅子，而到了「清真第一牛」，點了碗牛肉湯坐下。

事情就是這裡開始壞的。

馬維琪一坐下，便聽到一旁的回民們開始竊竊私語，他初時並不注意，本來嘛，他馬維琪何許人也，在京城響噹噹的大名，馬氏煤球專供皇宮王府的貨，而馬老闆家三代單傳，又只得他一個獨子，除了家大業大之外，他老父親從小請了三位關外的拳師給他餵拳，一個教他大紅拳，一個教他小紅拳，還有另外一個，專門盯著他練，那盯著他練的老拳師據說原來還是關外的馬匪，眼睛特紅，殺氣特重，馬維琪從小被他一瞪眼，都嚇得渾身抖篩子，只有拚命練功，不敢一絲一毫懈怠。

馬維琪在京城本就是個名人，在尋常店中坐下來，旁邊有人偷偷議論，毫不奇怪，是以馬維琪也不在意，等牛肉湯喝了兩口之後，他知道不對了。

有一個大鬍子，帶小白帽的回民，走到他身前，大咧咧地在他對面坐了下來。

「你就是馬維琪？董老公的徒弟？」

武行裏的營生（二）

聊完武俠小說裏的武行，接著來數一數古代現實社會中的武行吧！

一般來說，古代的武行分四種職業：保鏢、護院、賣藝、教場，當然這裡講的古代並不是秦漢唐宋元那種古代，而是從清朝末年一直到民國初年的武行樣貌，差不多就是這四大行，這四大行在江湖切口中，可是有專業名詞的，保鏢叫拉杆的，護院叫支杆的，賣藝叫點杆的，教場叫戳杆的，至於為什麼是拉、支、點、戳這四個動作？江湖切口向不可考，約定成俗便是，若要深究，那麼和尚叫治把，道士叫化把，更是怪也，而且「把」之一物，究竟意指為何，更不好深究。

說到這江湖黑話，切口春典海底，最熟悉的應該是四大行中的點杆一行，也就是江湖上跑馬賣解的賣藝人，這一行雖然是武行，可是以武術來說，東西最摻水分，原因無他，要在街頭賣藝，必須得讓觀眾掏錢，若是要讓觀眾掏錢，那就必須得練些炫人耳目的花招，真正的武術是吸引不了眼球的，一招一式平平穩穩，要怎麼拴馬樁呢？必得練些蹦跳套路，單刀進槍、或如飛彈穿壺、胸口碎石、抑或繞身九節鞭夾飛叉等等，甚或是如馬戲團的把戲單雙人走索，口中吐火也必須熟知一二，除了這些花招把戲之外，還有口彩須得說得精彩，架勢要足夠唬人等等，詳情可以參考連闊如先生寫的《江湖叢談》一書，或是傅松南先生的《江湖父子情》系列三書，可以得窺一二。

這點杆一行當流傳極廣，門徒遍佈華人世界，有些人學了這一門的表演花招之後，不去街頭賣藝，偏偏跑上擂台與人做生死搏鬥，那真是秀才遇到兵，賠了夫人又折兵，一條魚跑去學爬樹，也差不多就是這種情境，這些人應該退一步想，何必嘛，學了賣藝的表演武術，有好口彩又有好把戲，應該去街頭賣藝打賞，搞不好還被遊客拍成影片放上YouTube，一炮成名名利雙收，那也並非是不可能的事；何必在擂台上被人打的頭破血流，背後嘲笑辱罵不堪。

不過這一門也有真功夫的一脈，那就是清末時期，原本專屬於清宮的善撲營被解散了，營中高手一下無以維生，只好在京津街頭賣藝，表演善撲營中的摔角功夫，要知道這善撲營是何來頭？那可是當年康熙皇帝為了生擒滿洲第一勇士鰲拜，所成立的摔角訓練營，那訓練可是多扎實！拿下鰲拜之後，善撲營雖無任務在身，但轉型成為專門做格鬥表演給皇宮內院觀賞的單位，雖不知他們是如美國表演摔角，還是如奧運柔道或古典摔跤一樣真幹，但總之技術實力都是有的，摔跤衣、摔跤規則也是無一不備，流傳至今，可是被稱為中國傳統武術中最能打的一支，外國人趨之若鶩，號為中國跤，與希臘羅馬式古典角力，還有日本柔道、俄羅斯桑博、巴西格雷希柔術等幾種以摔法為主的武術分庭抗禮，絲毫不遜色。

不過其實中國式摔跤還分幾種流派，上面說的是京津流傳的摔跤，一般稱作北京跤、天津跤，而蒙古人玩的叫蒙古跤，跤衣、規則都與京津跤不同，而山西跤、保定跤等也都各有特色勁法練法，真要細論，恐怕十幾本書也講不完，所以就此先打住不談。

說說八卦的八卦（九）

馬維琪一聽到這話就來氣，這個人哪根蔥啊，敢這麼跟他問話？他一拍桌子，罵道：「是，我便是馬維琪，董海川老師的大徒弟，你是哪位？」

那人上下打量了他一回，才又說道：「我們回族裡頭，有個人姓沙，你是知道的？」

馬維琪一聽，心知不好，但他嘴上還是嘴硬，說道：「沙回回我是知道，他原本在肅王府當差嘛，後來被我們董老師趕走了，哼，你跟他是什麼關係？想幫他出氣？」

那人道：「這姓沙的功夫不精，輸與董老公，那不打緊，可是沙回回練得是我教門的十八肘，十八肘傳到他時，早就失傳了，他只學了一肘，自己又加了一拳一腿，就這麼程咬金三板斧的硬幹，本來就非武學正道，可是……」

那人稍稍皺眉，「可是你們董老公的徒弟太囂張了，天天傳出去什麼董海川大敗沙回回，你要知道，我們回族人裡武功高手儘是有的，回族三寶中，十八肘是早失傳了，可是湯瓶七式，心意六合的高手還有許多，容不得你們漢族人小瞧了！」

馬維琪鼻孔裡哼得一聲，道：「講的都是鄉下把勢，京城裡，聽都沒有聽過。」

那人也不生氣，微微一笑，拉開桌椅，站在一旁道：「心意六合的老阿訇我請不動，我是練七式的，不然，你跟我練練？」

馬維琪心想，此事到這，是不可能罷休的，練練就練練，我馬維琪還少跟人試手了嗎？他氣勢極為凶湧，站起身來一喝，照面便往那人面上打去，這是大紅拳的一式絕招，叫闖鴻門式，後頭有六種變招，腳上可踢，傍手可翻，馬維琪小時候天天與那授他大紅拳的老拳師拆這招，是他最有信心的一著。

豈知那人完全不是按著當初大紅拳老拳師，與馬維琪拆招時的路數，那人身形很奇怪的一拐，接著一手如鞭甩出一拉，纏住馬維琪，緊接著另一掌，就印在了馬維琪的心口上。

馬維琪只覺得渾身一震，心口一冷，便摔倒在地，那人看了他一眼，道，七式打賊人，算子抓窩窩，我以為董老公是有多天大的功夫，他的徒弟，卻也不過如此，那人說完，向旁觀的回民們一抱拳，轉身便走。

而待那人走了以後，一旁的其他看熱鬧的回民才一股兒湧上，拉著看著馬維琪的傷勢，一探鼻息，才發現原來馬維琪已經死了。

馬維琪在城南郊外被人打死的消息，一下傳遍了北京城，有人說是沙回回來報仇的，又有人說，那人是沙回回之子，上一代董海川打了沙回回，下一代沙回回之子，就來打馬維琪，說是沙回回當年太輕敵，年紀又大，但沙回回之子與馬維琪年歲相若，打起來，才真的知道兩家武功誰高誰低，除了這兩種傳聞之外，更有人說，動手的是一名女子，是沙回回之妻，而還繪聲繪影地說，沙回回之妻，與馬維琪之間，有一段愛恨情仇難分難捨的情愛故事云云。

董海川於這些閒言閒語都不回應，只是坐在自己的宅子中，望著天邊的雲，聚了又散，散了又聚，馬維琪頭七出殯的那一天，董海川率領著全體弟子，要在馬家祠堂裡，給馬維琪布置的靈堂之上，上香致意。

「嗚……你這閹人給我滾！我就這麼一個兒子……跟你學什麼勞啥子太監拳……學到都你給我滾！滾！滾！我們馬家不歡迎你上門！嗚……嗚……」

「我……我辛辛苦苦，四十二歲那年，好不容易才懷上了……這才給我們家老爺留下一點香火，指望著他給老爺傳宗，誰知道……誰知道……給你這陰陽怪氣的董老公給害死啦！維琪……維琪今年還不滿三十歲啊……我的維琪啊……」

董海川才剛踏進馬府的朱漆大門，便被馬維琪的老母親給一把鼻涕一把眼淚的轟了出來，饒是他武功蓋世，面對這個痛失獨子的老母親，他還有什麼可以分辯的呢？

武行裏的營生（三）

回來說四大行中的另一項職業，保鏢，古代的保鏢像是綜合物流、保險、貨運一樣的職業，因為中國水旱兩路運途險惡，商號們要傳遞押送銀兩貨物時，不像是官府有兵馬護衛；所以一般商貨，得需要有鏢局接標，再由鏢師押送抵達目的地，才能順利在兩地交易。

京津一帶是鏢局盛行之處，因為古時北方最大的碼頭，便是天津衛碼頭，而京津一帶的鏢局，多是由三皇砲拳門的拳師所包辦；除了京津一帶之外，山西一帶到河北、山東處，在晉商票號發展起來之後，也連帶著讓鏢局一行蓬勃了起來，這一帶的鏢行，則多由形意門拳師包辦，鏢局生意興旺了，這三皇砲拳、形意拳等也連帶著響萬兒了——響萬，亦是古時的江湖黑話，意思是名氣大了，老衲猜測可能是從揚名立萬這句成語來的，而現時這些黑話早已轉入日常俗語，響萬兒之後，這人在江湖上就是個大萬兒（大腕）了，范冰冰曾說：「姐不嫁豪門，姊自個兒就是個大腕。」可以看到這黑話轉俗語的有趣過程。

做保鏢風險極大，日日要風吹日曬雨淋的，過山過橋過孤店過荒山時，還得提防著強人劫路，年紀輕時混混還可以，年紀一大，誰也不願意再這麼勞苦奔波，於是很多保鏢年紀大了，就退下來做另一行，就是護院的工作。

護院，顧名思義就是富宅大戶的保安工作，古代的宅院佔地面積大，圍牆又沒通電網，些許會點輕身功夫的人覷準時機，翻入牆中偷點東西，那真是易如反掌的事，更不要說還有一些窮鄉僻壤的地方，時常會有馬匪山賊襲擊，真的撕破臉，搶走拐騙你家獨生孫兒勒索撕票，也是屢見不鮮，倪匡的小說《四條金龍》，就有提及這樣的故事；因此古時富戶們需要聘用本領高強的護院，來保護家園寧靜。

而這護院的工作通常不會是由一人擔當的，少則四五人，多則二三十人以上都有，由護院頭兒去分配工作輪值巡邏時間，這護院頭領必須得是「上過道」的，走過鏢見過世面，遇到江湖人士口頭能說，手底能動，平常可能又要壓服手下的護院聽話，閒時還得教教富戶的孩子們習武強身，由鏢局退下來的大鏢師，當然是最佳人選。

因此上，保鏢與護院，幾乎是二而一一而二的一套職業，很多成名的鏢師想養老的，不想再過這種天天趕路的辛苦生活，就會回鄉投入富戶門下擔任護院，當然了，護院也不是那麼好做的，萬一遇到高人夜襲，那麼護院還是得跑爬追捕，竄房越脊，人可以跑掉，東西可不能不留下，真的軟的不行只好硬的來，總要對得起自己這份工作是不是。

前面說到晉商票號發展起來了以後，連帶著讓山西的鏢局、護院兩行都興盛了起來，著名的形意拳祖師爺李老農，就是當時的著名護院；據說他原習花拳花槍，為河北鏢師，聽聞山西富戶戴家有一種奇妙的拳術，號心意拳，李心慕不已，於三十八歲時投奔山西祁縣戴家學拳，學成後待在山西太谷孟家做保鏢，繼續鑽研戴家心意拳拳藝。

李老農約六十多歲時返回河北深縣養老，在家鄉授拳時，因為李大字不識，又有山西、河北口音訛誤，所以稱所習為「形意拳」，從此心意拳由「心」入「形」，隨著形意拳的名氣大起來之後，反而原來的心意拳較少人知道了。

李老農的門下大多也是護院鏢師一流，最出名的徒孫當屬李存義，李存義在民國初年時曾加入義和團，後來又在許多軍閥處教過武藝，最後在天津成立中華武士會，算是中國近現代最早的武術團體之一（另一個是上海霍元甲成立的精武體育會），電影《一代宗師》裏，有多處影射此段歷史，不再贅述。

（現在有很多後來人重新編寫的資料，寫到李老農的名字時，說他真名為李洛能，而且還有字號稱飛羽，老衲並不是很認同，因為李的二徒弟車毅齋先生，墓碑上的碑文明確記載著他的師父名叫「李老農」，並非什麼李洛能字飛羽這種武俠小說般酷炫的名字，考慮到李本身並不識字，做的也是勞力藍領工作，似乎並不像是一個會對取名咬文嚼字，或是取個太不接地氣名字的斯文家庭出身，所以老衲從車毅齋墓碑的說法，呼他李老農便算。）

藉著李老農的故事，也想順帶著捋一捋武術「門派」這件事，據老衲的理解，古代的武術「門派」，其真正的性質，並不完全是如金庸小說中那樣的純粹「學術」性質，更多的可能是一種互助工會的概念，如同當時的青紅幫與現今的黑社會，其實並不完全相同，當時的青紅幫更多的是一種地下互助會，而武術門派也類似於此，只是更小範圍，而且有相同的學問（武學）研究，所以比一般的幫會更有凝聚力而已。

以李老農的形意門來說，鏢局、護院的色彩非常濃厚，而三皇砲拳門的門徒則是集中在鏢局行當中，後起之秀八卦門，早期大多都是護院或皇宮、王府護衛，至於人人都知的太極門，除了祖師爺楊露蟬曾在八旗部隊中傳授武藝，後來楊家第二代班侯、健侯，都是在旗人王府貝勒中傳授旗人貴族武藝，這些學徒無一不是富家老爺公子，生活委靡而體弱，怎經得起傳統艱苦的夏練三伏冬練三九，所以傳授內容慢慢偏向以學理、養生為主，自此太極一門雖然進入上流社會階層，更成為文人雅士的追捧對象，但也失去了某些底層操功、實搏對練的基礎。

說說八卦的八卦（十）

董海川低著頭，轉身就走，而全佳山與尹福，則一左一右地扶著馬家大奶奶好生勸慰，請她千萬不要傷心過度，可是這些都是多餘的，沒有一個母親，在年老喪子之後，還能活得下去的，三天之後，馬家大奶奶，也就是馬維琪的老母親，在祠堂裡上吊了，她沒留下遺書，所以沒有人知道，她臨死之際，到底在想些什麼。

程三咬牙切齒，嘴裡罵著京城裡下九流人才懂得的髒話，道：「這人到底是誰！我程三不把他揪出來，就別在北京立足了！」

程四道：「可是三哥，咱們連那人是男是女，長什麼樣子都不知道，怎麼找呀？」

史六道：「傳話出去，整個北京的捕快找，最近有什麼回族高手進京的，神色異常的，全都給我先抓起來，我們再來一個一個審，這傢伙打死了董老師的徒弟，若是咱們放走他，那將來我們還怎麼混?!」

尹福咳嗽一聲，道：「鏢局裡的趟子手們消息靈通，據他們說，那人自稱是練什麼七式拳還是心意拳的，我們沿著這脈絡找去，應該是可以找到人的。」

全佳山在一旁始終不說話，他是玩拳玩出癮來，可不是喜歡江湖仇殺的莽漢，而馬貴年紀小，這時才不過十五六歲，更是不懂什麼。

董海川靜靜聽完一眾徒弟的意見，擺了擺手，眼神望著遠方，意興闌珊地道：「德安，你想想你的兒子成章、玉章，以後怎麼辦？他們的功夫都練成了？你呢，程三？你向來好俠仗義，老夫是很喜歡的，但是能一掌打死維琪的人，肯定不是俗手，萬一你有個什麼三長兩短，你要有龍、有信怎麼辦？你四弟程四的孩子有功、有生，不是也都跟在你的眼鏡鋪裡學，你萬一也跟維琪一樣，你要有龍、有功他們，以後怎麼想我董老公?!」[1]

董海川越說越是激動，一口氣說完，氣喘吁吁，拍了一下椅子上的扶手，那花梨木扶手嘎吱地響，裂了幾條縫。

「傳我的話出去，以後凡是我董氏的門徒，誰也不許與回族人動手。」

「老師！」尹福大急，「老師，您再想想，這話一傳出去，豈不是……豈不是我們在認輸嗎?!以後叫天下英雄好漢恥笑我們，董氏的門徒……董氏的門徒……」

董海川冷笑一聲，他的聲音本來就極為尖銳，此時心情激動之下，更如金鐵交鳴，刺得人人耳膜發疼，「董氏的門徒怎麼樣？天下英雄怎麼樣？怕人家嘲笑你們跟一個閹人學武？那你們就都不要學！我這轉圈，可是天下至寶，你們不學，將來自會有人拿走，不用你們操心！」

---

[1] 尹福有二子，名成章玉章；程三有二子，名曰有龍有信；程四有二子，名曰有功有生。

董海川此話一出，尹福、程三、程四、史六、馬貴，包含連全佳山都跪了下來，向董師道歉：「老師言重了！老師的話，我們凜遵就是，以後董氏門下之徒，絕不與回民動手。」

董海川嘆了口氣，「我這轉圈，我這轉圈是修道之學，不是拿來給你們比武爭勝的，以後誰學到我的轉圈，千萬記得四個字：『深藏不露』，凡知我四字者，才是我董氏的門徒。」

尹福等人面面相覷，只有馬貴心底打了個疙瘩，他們一齊說道：「謹遵老師吩咐。」

武行裏的營生（四）

寫到這兒，其實第四種行當已經呼之欲出，那就是開拳鋪教場子，俗稱戳杆的，這一行比其他三行要來的輕鬆，不過困難之處，就是自己得先有一定名聲基礎，否則別人怎麼會以高價束脩請你來當拳教師？

民國初年聞名京津的形意、八卦兩門，其門內著名人物，大多都是從保鏢、護院、侍衛一路真刀真槍真幹的職業，退休下來轉教徒弟，畢竟帶徒弟生活壓力沒那麼大，風險也比較小，適合老年人的退休生活。

形意門的尚雲祥抓過大盜康小八，八卦羅漢門的宮寶田在王府擔過侍衛，都是在實戰實搏中滾出來的人物，身上功夫沒話說，除此之外，江湖道道，察言觀色，都修煉成人精的，否則武行裏哪有他們一席之地。

不過教師職業，與原來的保鏢、護院、侍衛不同，教師職業是靠徒弟束脩的，一般來說，不可能向單一徒弟收過多的金錢，因為徒弟個人負擔不了；所以師父的生活費用要靠一眾徒弟支持，在此情況下，徒弟當然是收越多越好，又或者使用分級制度，造成差別取價來收取，因此，產生了所謂「傳承弟子」、「入室弟子」、「入門弟子」、「記名弟子」、「馬路學生」等等的稱呼身分，而在某些情況下，更套用了傳統的幫派入會儀式，要求入門弟子們要遵守若干門規，亦或者得要通過入門儀式之後，才傳授門派武藝中之精華，此一形式，造成了很多門派的精華失傳，因為能夠通過入門儀式、並有足夠束脩孝敬師父的徒弟，未必都是真正練武的材料，如此長久以往，技藝傳承自然會有些許誤差。

不過也有些許個案，真正大出名的拳師，不必靠眾多徒弟供養，而只要靠少數一兩個徒弟就夠了，當然，那是人家在行內位高權重，名聲卓著，又有真功實藝，才會得到如此尊榮待遇，比如說滄州八極門出身的李書文在外省闖蕩了一輩子，年老回鄉，即被滄州當地世家劉府聘為上賓，一方面做名義上的護院總頭兒，一方面專門教導劉府獨生小公子武藝（即為劉雲樵，約在一九一六年左右隨李學藝），當時滄州劉府背景雄厚，在清朝時就出過多名進士，而在民國以後的北洋軍隊中也都擔任重要職務，因此，劉府也被滄州當地人稱作是「劉將軍府」，能在民風強悍的滄州獲得當地人如此的尊稱，劉府勢力可見一斑，以大宅門之力供養李書文十年私教，結成師徒奇緣，效果成果自然非同凡響。

李書文生前最出名的無疑是他的比武經歷，這些比武包含著徒手拳術與兵刃槍劍等，但他作為一名拳術教師來說，成績也是非常優異的，教出來的幾個徒弟均在社會上混得翻江倒海；別的不說，李的開山大徒弟霍殿閣就曾在偽滿時期擔任溥儀的護衛與拳術指導，而關門徒弟劉雲樵，則是擔任過兩蔣時期的總統府侍衛隊拳術教練，均是名噪一時的風雲人物，而據馬明達先生（知名武術教授）口述，當年李書文在劉府傳授武藝時，為了要讓劉雲樵有人可以練對打，收過一名鄉下孤兒小孩，以作為劉的拳搭子，這名鄉下孤兒後來不知什麼原因，竟然得到毛澤東的信任，專門讓他訓練毛的親衛部隊八三四一的搏擊功夫，可惜隨著毛死後政變，整個八三四一的真實歷史也隨之煙滅，這鄉下孤兒從此消失在歷史中。

（老衲按：劉雲樵本人亦多次說過，李書文教他的玩意與李早期教的大不相同，但他不是孤證，當時練拳時，李老師還收過幾名陪他一起練對打的拳靶子，這幾個師兄弟可以證明李書文老師晚年教的東西確實是這個樣子的，可惜當時兩岸鐵幕隔離，劉來臺灣以後，終其一生，也沒再聯絡上這幾個少年時期的練武小夥伴們。）

除了上述的李書文之外，相同的時空背景，也有另一段頗為傳奇的拳術教師故事，那就是上海李府李瑞九家中，請的第九名家庭拳術教師——孟廣裕。

先說李瑞九，這李瑞九是何人呢？得從清末宰相李鴻章的三弟李鶴章談起，話說這個李三弟陪著二哥李鴻章剿滅太平天國，功成之後，不願被人閒話，說是傍著李鴻章的威勢在朝廷當大官，所以讓二哥李鴻章只給三弟請了一個甘肅糧道的官做，李鶴章無心官場，返鄉做起生意，開鹽行、茶行、商號、當鋪，在廣州、上海開阜的時候，成為最早一批與洋務接觸的大商人，後來老李家（李鴻章家族）被稱為李半城，與這個經商天才李鶴章有很大關係。

李瑞九，即為李鶴章的小兒子李經馥獨子，傳為側室所生，相當受家中疼愛，他繼承了老李家在上海的銀行、房地產、甚至是上海第一間賭場，這李瑞九當年是上海灘第一花花公子，但為人很不簡單，長袖善舞，與各方勢力都能打上交道，上述的上海第一家賭場，據說就是瑞九打通日本軍部，使其同意關照下才開立的。

另外，李瑞九非常喜歡票戲，酷愛京劇，是久記票房的開房骨幹，更把楊小樓養在家中好一段時間，期間開立了上海第一家廣播電台「李樹德堂電台」，專門放京劇帶子，在那時代間接捧紅了好多京劇演員。

滿族作家唐魯孫跟李瑞九當年在上海灘，是一起玩兒的好朋友，他的筆底記了好多李瑞九的軼事，如當年瑞九追盛家小姐時，天天一瓶名貴香水送到盛家靜安路公館（瑞九的妻子盛毓蘭是盛宣懷之孫女，而瑞九的父親李經馥娶的則是曾國藩的孫女）；又或是當年毛皮帽子流行上海，李瑞九帶著一頂極拉風的海獺毛皮帽，在人潮中被摸走了，結果李瑞九笑笑不語，不一會兒，人家就自動把毛皮帽給送了回來，因瑞九在當年青紅兩幫中關係好，地位高，人家絡子一知道下手錯了人，立時歸還，可知這黑門一行，行規之森嚴也。

除此之外，李瑞九也癡迷拳術，曾請八位拳術教師在家傳授他武藝，後來經山東鏢師唐某推薦，請來綿拳孟廣裕（亦有人稱為孟光銀、孟關宇等），傳授綿拳，孟一來到李府，其他八位教師便都辭去不幹了，因為孟的拳術，明顯高出餘人不只一籌，從此孟成為李瑞九的第九位拳術家庭教師，也是最後一位。

孟被瑞九請到上海授拳之前，無人聽過所謂的「綿拳」，而孟進入上海之後，因為李瑞九的關係綿拳之名才逐漸傳播開來，但因為孟單獨傳授李瑞九功法，所以不可能在公開設場教導一般徒弟，所以綿拳雖有名氣，但傳人不多，孟之徒除了李瑞九之外，只有孟的外甥王小辮子，與孫福海先生，而孫後來將此拳傳入洪幫，才稍稍打開了綿拳傳播的局面。

據說孟廣裕當年曾立下三條門規：一是不可公開設場教徒，二是綿拳傳人不得作保鏢護院一類的工作，三是綿拳的學練者，必須先得在社會上有上得臺盤的體面工作，如此規定一下來，綿拳門自然不如其他拳種容易開枝散葉，可是孟為什麼要立下如此三條門規呢？

個人覺得，是因為當年孟已經被李府這個富貴人家請為上賓，讓李瑞九學的東西，自然不能讓路上的販夫走卒都學得到，否則的話，哪顯得出這綿拳的高貴之處？而人家李瑞九豈會甘心付帳？這也是生意經；據說當年李小龍，一被好萊塢明星聘為拳術教師，回頭立馬原來收費低廉的功夫班給解散掉，李小龍的行為動機，恐怕與孟廣裕的三大門規，有著相同的理由。

追思前人，這李瑞九雖然是富家公子，可玩東西樣樣玩得高大上，貴氣逼人，那時代的公子們真是公子；哪裡像現代的一些暴發戶富二代們，一出口一動手，看著行為都覺得俗不可耐，李瑞九的私人印章最近被人兜售，在拍賣場上現蹤，一看落款，原來是當年上海攤第一篆刻書法名家吳老缶（吳昌碩）的手澤，老缶當年可是與齊白石齊名，有北齊南吳的架勢，瑞九用印如此，真是太太太雅了啊！

說說八卦的八卦（十一）

馬維琪死後，董海川的大宅，好一陣子都籠罩著這股悲傷的氣氛，一眾徒弟們為了想讓董師心情好些，特別找了好多京城中，早已成名的高手，來跟董師切磋習武，要知道董師生平無子，亦無家人，老年人其實名啊利啊這些早已放開，最需要的，還是親人的陪伴。

於是尹福找來了三皇砲門二宋，宋長榮，宋永祥及其弟子，還有幾個自己羅漢門的學生，程三程四找來了李存義，耿成性，還有李存義鏢局裡的幾個功夫高絕的趟子手，史六甚至叫來了張兆東與劉德寬，大夥兒都一起來拜訪董師，一起試手玩玩，眾人與董海川試手之後，都對他的武藝感到很佩服，也對董海川老是只教一個圈子，感到很新奇，於是都在董宅中練了起來，董海川心情未佳，來者不拒，一一收入門下，於是，尹福帶來的那一大幫子人，都在董宅中的前院練，由尹福主教，而程三程四的朋友們，則在董宅的後院練武，由程三程四主教，史六請來的張兆東、劉德寬，因為都是武林一霸，他們幾個連同馬貴，則是各自找角落旮旯，悶頭練功。

而董宅的正廳之中，則是全佳山與董師單獨練功的地方，全佳山經常來泡一壺茶給董師潤喉，杭州龍井，雲南普洱，又或是武夷龍袍，偶爾還讓人偷渡帶來一點台灣的水沙連來，讓董師嘗嘗鮮，在董師品茗之際，全佳山則在一旁轉圈不休，董師也不指點，兩人也就這麼相應無事。

一天的最後，尹福，程三程四，史六，與馬貴，還有其他外圍徒弟們，都匯聚及在董師的正廳之中，聆聽董師的教誨，也許是董師的武學深不可測，雖然大夥兒聽了董師的拳理，都覺得有道理，但怎麼樣也無法應用在自己的拳法之上。

而董海川呢，一下收了這麼一大幫子徒弟，整日與他噓寒問暖，問冷問熱，讓他的心情平復不少，對於痛失馬維琪之事，也就漸漸淡下了。

這一日，就在大夥兒在董宅正廳中，笑笑鬧鬧，結束一天的練習時，耿成性忽然舉手發話了，道：「老師，弟子跟隨您也有不短的一段時間，來學的時候，都跟您試過手，知道您功夫大，沾不上打不著，可是據說當年您在肅王府崛起出名，靠的是一絕技『凌空八步』，這絕技大夥兒還真沒看過，不知道什麼時候，您可以給咱們表演一下，讓大夥兒開開眼界？」

董海川一聽這話，臉上一沉，尹福心道不好，肅王府想起沙回回，沙回回想起馬維琪，這老耿怎麼這麼說話，不是哪壺不開提哪壺嗎？

尹福想得果然沒錯，董師聽了這話以後，面色不善，揮了揮手，便讓大夥兒散了。

幾日之後，董師忽然召眾徒到正廳之中集合，眾人都來到正廳之後，見到董師得正廳當中，垂吊著一條細如拇指的麻繩，麻繩的另一頭，被董師綁死在廳內堂中最高處的木條之上，高逾三丈，在廳的當中垂著落地，眾徒都不知董師是什麼意思，董海川一指，道：

「這個遊戲叫做『攀天梯』，繩子吊在這麼高，人手拉著，攀住蹭上去，在空中雙手交替一次，或身子往上一竄向上，越少次發力就能攀上頂端者勝，當年老夫在肅王府中，只用了八次發力，便上頂端，被肅王金口稱讚道『凌空八步』，便是此了。」

董海川這麼一解釋，一眾徒弟這才明白，凌空八步不是什麼奇幻絕技，而是渾身拉著繩子往上一蹭，像是腰腿腳往下一踩般，謂之凌空步子，而這麼高長的繩子，一般人要攀上去頂，都不容易了，更何況只用八次發力。

董師道：「成性，這玩意是你先提的，你試試看？」

耿成性被董師點名，雖然他向來輕功不好，又有些懼高，但怎可在眾人面前失了顏面，他整整腰帶，硬著頭皮上了。

如此一來，董海川的眾徒可玩開了，紛紛上去，耿成性用了二十四步，李存義用了十七步，宋長榮用了十九步，尹福十六步，程四一樣也是十六步，劉德寬二十一步，史六人高手長，用了十四步，張兆東是京城捕快，輕功在眾人之中最是高絕，只用了十二步。

就在眾人玩的不亦樂乎時，從徒眾人群之中，忽然走出一瘦乾而矮的少年，呼嘯一聲：「我來也！」縱身就上，腰腿一蹭，居然上升四尺有餘，眾人各都是驚呼連連，幫忙數著：一、二、三、四、五、六、七！

當繩圈外的一眾董師之徒數到七時，那矮瘦少年，已到了麻繩之頂，端坐在屋內的懸梁，搖擺著腳，嘻嘻笑道：「怎麼樣？我比董老師更勝一步呢！」話說完一躍而下，在地上翻滾數圈，卸去力道，身子一彈站起，向董師一鞠躬，隨後退回徒眾人群之中。

小擒拿與大擒拿

中國的傳統武術中，歷來分大擒拿與小擒拿的講法，但這種大小擒拿之分的界線十分籠統，有說抓小關節者為小擒拿，抓大關節者為大擒拿，何為小關節？指腕肘是也，何為大關節？肩頸胯腿是也，而這小大之分也有另一種講法，謂之純拿不跌者曰小擒拿，連拿帶摔者曰大擒拿，眾說紛紜，莫定於一，不過一個模糊的感覺是確定的，就是擒拿可以分大小，看上去大的就是大擒拿，看上去小的，就是小擒拿了唄！

過去許多擅打的老師傅喜歡說：「擒拿沒用，擒拿不如亂拳。」此話的確有幾分道理，不過此處說的是小擒拿中的純拿法，若是施技者連摔帶打參擒拿，那末參的不管是小擒拿還是大擒拿，那可都不是好對付的，要知道這「踢打摔拿」，「踢打」是一家，「摔拿」也原該是一家，君可見現今譽滿全球的巴西格雷西柔術Brazilian Gracie Jiu-Jitsu，若是按照傳統武術的門派分類法，它該是地蹚功加大擒拿吧?!

忽然想到，在鹿鼎記中，韋小寶初學大小擒拿之際，就說過「以大壓小，大擒拿必破小擒拿」的話，對比當年，格雷西柔術初出道時，用大擒拿加地蹚大破各路武術的實況，不得不讚嘆韋小寶的快人快語，其實很多武學原理再粗淺也不過，只是現代人被各式花招理論迷得暈頭轉向，很難一眼看清武術的原貌。

不過，在韋小寶大發厥詞之際，他的啟蒙師海老公立時糾正了他，海老公說道：「這大小擒拿，各有所長，端看誰練得好。」因此在海老公心中，大小擒拿各有所長，沒有西風壓倒東風的事兒。

據老衲所知，目前主流格鬥賽場，始終仍未開放小擒拿法，如站立反關節，分筋拿脈拗手指等等，所以小擒拿的風采，一直沒有在賽場之上現蹤，老衲期待有一天，能夠有完美的規則與護具能夠保護選手，讓選手們可以毫無保留地全力施展與深入研究小擒拿法，到時候咱就真的可以看看，小大擒拿，究竟是誰技高一籌了，哈哈！

說說八卦的八卦（十二）

董海川這人向來喜歡資質好又肯練的孩子，最討厭的是只研究耍嘴皮的好龍葉公，連忙喊這矮瘦少年出來，再見一見，這少年走了出來，在廳中給董海川跪下行禮，董師問道：「這孩子誰帶來的？練過多長時間了？」

尹福這時，連忙走了出來，道：「這頑劣小徒是我的小門生，見他無事，帶他一起來老師的宅府練練功，衝撞了老師莫怪，學生回去一定嚴格管教。」

董海川只搖搖手，道：「德安你就是太守禮法規矩，沒意思，我就問這孩子叫什麼名？其他的你別跟我囉唆。」

尹福躬身答道：「回老師的話，這孩子，名叫宮寶田。」

原來這宮寶田，與他師父尹福都是山東人，宮家與尹家沾著遠親，所以宮家把宮寶田送到京城來，跟著尹福做事學藝，宮寶田天生是個野孩子，被父母送去私塾讀過幾年書，可他老是坐不住，整日喜歡向外跑，翻山越嶺爬樹攀岩，無所不玩，另外，他還喜歡打彈弓，在鄉下自己做小弓射鳥玩，七歲那年，與人賭賽馬術，雖然他狠狠摔了一大跤，跌傷了臂膀，在床上整整躺了三個月，但一經恢復，便又開始跑跳追滾的玩兒了。

宮寶田雖然生得矮小，但天生一股不服輸的蠻勁兒，有人與他賭攀岩，他便與人賽攀岩，有人與他賭打彈子，他便與人賽打彈子，在鄉下有長得高壯的孩子欺負人的，他便為大家出頭，他那時什麼武術也不會，就拚一股蠻勁兒，誰狠誰橫，宮寶田雖然被對方摔的灰頭土臉，可最後也磨到對方求饒，說別摔別上了，大夥兒都累，交個朋友吧！

宮寶田就是這樣的個性，一下成了鄉下裡的孩子王，可宮寶田的父母，見他心性如此之野，心想讓這野孩子繼續待在鄉下胡鬧，遲早鬧出什麼大事，剛好一個遠親來串門子，說到他的舅爺尹福在京城開鏢局，當護院，訓練武術班子，管飯管住，宮寶田的父母一聽，大聲叫好，連忙把宮寶田行裝包袱一裹，送去京城給尹福當學徒。

豈知道，孩子的成長就是這麼奇妙，宮寶田一被送到尹福的武術班子裡，忽然脫胎換骨，行起坐臥，都貼服的不得了，行止有禮，待人溫和，有人問他為什麼有如此大的轉變，宮寶田道，我崇拜尹老師，自然就學起他那種道學先生，溫文爾雅的樣子了。

當然，孩子的天性，是很難完全磨滅的，宮寶田時不時還是會偶露鋒芒，就像那天，他在董海川宅子中看大家玩這「攀天梯」的遊戲，心想這些武林中人，還真不一定年紀人就功夫大，我宮寶田雖然年紀小，但從小玩這活兒，後來又經尹福老師調教過，連那最難練的黑門輕功俺也是練得聒聒叫的，爬一個繩子有啥難的？他一時技癢，使出渾身解數，縱身就上，拚盡全力，居然比董海川當年還快一步。

他落地的時候，已知不妙，以尹老師向來的大規矩大禮教，回去肯定狠狠抽他一頓鞭子，可他就是忍不住，不是炫技，只是想在大夥兒面前出一口氣，讓大夥兒看看，鄉下來的野孩子，功夫不一定比你們大城市裡餵出來的前輩高人差多少。

尹福一向授徒甚嚴，規矩奇大，看宮寶田攀繩還不算什麼，可他居然在眾目睽睽之下，勝了董老師一步，不但勝了一步，還說了出來，什麼「我比董老師更勝一步呢！」，這種狂妄無知，欺師滅祖的話，虧他說得出來，尹福氣得臉色鐵青，只是在董老師跟前，不敢發作，誰知道董老師居然不以為忤，特別喜愛這小徒孫，特別交代，以後讓宮寶田，到董宅中的大廳來練。

小肌肉與大肌肉

講多了打打殺殺，偶爾也講一點傳武的健身功能，在健身養生這塊，傳武真的是獨一份的沒話說，這一點很多人都有體驗，老衲也就不多說了。

但這背後是什麼原因呢？老衲以為，是小肌肉與大肌肉的差別，所謂的大肌肉是看得見的肌肉，你訓練完，會很明顯地逐日看見肌肉的成長與壯大，而小肌肉則是一些比較深層的肌肉，你訓練完雖然會有感覺（傳統上叫「功感」），但表面上是看不見肌肉與原來的相比，有太大差異的。

按傳統的講法，便是傳武大部分的訓練，針對在氣血與筋膜，好比一個九十老人，可能他沒什麼大塊大塊的肌肉，但是氣血好，筋強骨健，他不一定要可以背上幾百公斤才叫健康，他一樣可以天天登山游泳，活得自由自在。

當然，在訓練大肌肉的同時，肯定也會訓練到小肌肉，而鍛鍊小肌肉的同時，也會些許練到大肌肉，畢竟人是一個整體，不可武斷分割。

老衲曾遇一人練重訓深蹲，他雖有教練，但總是把握不好蹲下去的重心，不是太往前壓膝蓋，就是太靠後壓腰椎，那人詢之，老衲一笑，說你這不是動作外形模仿問題，而是下盤腿功的問題，並教以傳統內家拳中的一式「搬丹田」功，這功也沒什麼，主要練下盤的弓架運力互轉與脊背貫力，老衲囑咐道每日至少練二十至三十次，兩週後必有效果，奇妙的是，那人練一週「搬丹田」功之後，再練深蹲，原本一直抓不到位的重心忽然開竅，硬舉深蹲，都起落自如了。

這是什麼道理呢？老衲認為這就是小肌肉與大肌肉的搭配問題，重訓深蹲對腿部大肌肉確有奇效，但某些人來說，可能他更細微的小肌肉的控制能力不足，因此雖然模仿深蹲的外型動作，但實際上很難一次到位，若以傳武中一些鍛鍊小肌肉的功法輔助，的確會在不知不覺中跨過那道坎。

當然，以上案例未必能應用在每一個人身上，老衲只是提出自身經驗與各位看官們分享，並說明運動本身，不應該強行切割成傳統或現代，應以客觀眼光，分析理解為上才是。

說說八卦的八卦（十三）

要知道，現在董老師教武不比以往，人數多了，非得要分頭訓練不可，尹福帶一群人在前院練，程三程四帶一群人在後院練，只有董老師最跟前的幾名弟子，有資格在董宅中的正廳練，全佳山那是不必說的，人家是奕且樂奕公子的發小，連拜師都不必，當然在正廳練，其他的就是尹福、程三、程四，史六，馬貴這些早期弟子，才有資格，在正廳練武，雖然董老師一視同仁，對所有弟子講的說的內容都一樣，可弟子群中登堂、入室之別，一望可知。

現在董老師特別交代，讓宮寶田來正廳練，不知羨煞多少旁人，可宮寶田卻是笑嘻嘻地，一點沒在乎，到了正廳練武，規規矩矩，就按照董老師的意思轉一個圈，其他旁的東西啥也不問，就是一心轉圈。

宮寶田轉來正廳練武之後，董宅的氣氛更是輕鬆了很多，要知道，宮寶田天性活潑，又是一股天不怕地不怕的勁兒，最得董海川喜愛，有一陣子全佳山從宮中整了點兒大煙膏來，孝敬董海川，董師眼神一努，宮寶田居然也毫不顧忌，坐在塌上，跟董師爺孫倆你一口我一口的大煙抽了起來，看得一向穩重的尹福都搖頭。

可程三倒是偏著這個小師侄，勸尹福道：「大師哥您又不是不曉得，董師一生孤獨，無妻無子無友，所以鬱鬱寡歡，早年據說收了一個李瘸子當乾兒子，卻又傷透了董師的心，被董師逐出家門，現在有宮猴子陪著董師樂，讓董師臨老了開開心，有什麼不好？這大煙雖然刮人，可他爺孫倆都是練武之人，自知節制，偶爾放縱一下，問題不大的。」

宮寶田自從上次玩「攀天梯」，凌空七步就上了頂端之後，董師便戲稱他「猴子」，自此「宮猴子」的江湖渾號不脛而走，大家都說，宮猴子的輕功，可能與那俠義小說中的「御貓」展昭，有得一比。

宮寶田除了甚得董海川的喜愛之外，他練功十分刻苦，在董宅正廳練武，汗水沒滴滿一大飯碗，絕不罷手，而他與馬貴的年紀相若，兩人說起來話，十分投契，雖然馬貴平時沉默寡言，宮寶田卻是飛揚跳脫的性，可兩人一見如故，聊起拳來沒完沒了，連董海川常常都在一旁聽得瞇了眼笑。

這天，馬貴向董海川稟報，說他想拜尹福學羅漢拳，董海川眼一睜，奇道，你學了我的圈，還想學羅漢拳？馬貴這才吞吞吐吐，道，老師，我與寶田一見如故，想要拜個把子，可是在老師這兒……董海川何等精明，一聽便懂，點點頭道：「不容易啊，武林中人，最喜歡瞎充大輩兒，好像輩分越高功夫越高一樣，老夫生平縱橫江湖，只聽過往上拜的，還沒聽過往下拜的，世卿，你視輩分如浮雲，只看功夫，很不容易。」

董海川一陣喟嘆，說完，把入室弟子幾個都叫過來，道：「上次教了你們『轉』、『走』、

『旋』、『擰』，都練得怎麼樣啦？使出來給老夫看看，老夫再教你們兩手！」

尹福，程三程四，史六，馬貴，還有宮寶田等都是面面相覷，他們來董海川老師這兒，雖然整日聽董師說原理，帶打法，董師天天陪著他們玩啊打的，可是絕口不提練法與勁法，關於內功，上次只說了「轉走旋擰」四個字訣之後就再也沒提了，今日看來董師心情大好，又再重開箱底抖秘訣，大夥兒心頭一陣欣喜，都湊到董師跟前，靜默傾聽。

到底這董老師董海川說出什麼內功來？而一眾徒弟到底把這「轉走旋擰」四字訣練到什麼程度？欲知後事，請聽下回分解。

小開門與大開門

在中國的拳擊運動歷史上，有兩位老前輩都是老衲十分敬重的，一位是北拳王張立德老先生，一位是南拳王周士彬老先生，這兩位老先生都是名震天下的人物，對中國的拳擊歷史發展與貢獻，有目共睹，人所周知。

在當年的氛圍，這兩位老先生或多或少，都有與傳統武術接觸的經驗，而兩個人的經驗很成一個對比，老衲這裏也都是道聽塗說，眾位看官隨便看看就好。

據說當年，周士彬先生在學習拳擊之前，曾在南方學過一陣子鷹爪門，後來遇上拳擊，發現鷹爪門的東西不如拳擊實用，因此改學拳擊，他老人家當年最此的解釋是：「鷹爪門是大開門，架子太大了，與人相搏，刷地一下人家就打你頭臉上了；拳擊則不同，拳擊是小開門，一抬手是小架子防頭臉，與人相博，從起始點就占優勢。」

說完周老，再說張老，當年張立德老先生學了拳擊之後，意猶未盡，拜訪過很多傳統武術名家，據說他在北京時跟姚宗勛學過意拳，在上海與心意門諸多前輩交流過，亦十分稱道盧嵩高的關門弟子白小四子，此外，張老也參合過通臂，綿拳等著名拳種，在張老晚年的時候，在學生的協助下，張老出了一部相當獨特的拳擊教學，名叫《內勁與拳擊》，細看內容，你會發現有非常多的意拳、心意六合、通臂、綿拳等等的功法在其中，作為拳擊這項運動的輔助。

據說張老認為，拳擊這項運動，是西洋人發展起來的，按照他們原本的訓練手段訓練，中國人永遠也打不過西洋人，所以中國人練拳擊，必定要採用一些西洋人不曉得的特殊方法，既符合黃種人的體質，又是經過時間檢測過的方法，所以他向傳統武術中取經，但這不是抬高傳武之意，而是博採眾長，納為己用。

這兩位南北拳王曾經交過一次手，最後點數判定，是張老贏了，可那年偏生發生一件不幸之事，就是在中國拳擊場上，一位拳擊手被當場打死，因此國家下令取消實搏項目，此一政令過了十數年才恢復更正，但南北兩位拳王，都已經過了選手年紀，周老再也無法報這一箭之仇，引為至憾。

以上老衲只是如實敘述史實，並非認為北拳王技高一籌之意，只是老衲以為，一個真正的武者，當出於對武道的熱愛，不應偏頗任何一門派的規範，或名聲，或歷史，怎麼好用怎麼來，怎麼練了有進步就怎麼練，其實嚴格來說，每個人都是自己的掌門人，你的風格，只有你可以做得出來，武學門派或者是老師教練，都只是協助你摸索出你自己的風格，以拳擊來說，阿里是一派，泰森是一派，帕奎奧Pacquiao是一派，梅威瑟Mayweather又是一派。

回到南北拳王的故事，一九八五年拳王阿里訪問中國，張老與周老聯袂招待，才終於在眾人的擁簇拱鬧下合影一張，堪稱經典。

看看他們三位在拳擊場上的英雄人物，想想自己，你會選擇哪一種求道之路呢？

說說八卦的八卦（十四）

上回說到，事隔數月之後，這董海川終於又要開講內功心法，但開講之前，董師要先看看一眾弟子，這些日子以來，每個人各自的練功進度。

史六最是無所謂，他天生大咧咧的性格，聽董師說要看大夥兒轉圈，他自告奮勇，第一個轉，束緊腰帶腳綁，便下場刷刷刷地轉了起來，史六天生高瘦而體實，手長腳長，轉起圈來煞是好看，他在這個圈子中帶進了很多他原本練的截腿門的招法，側踹，正蹬，後踢，橫掃，分截，最後又來一個當面穿心點腿，後擺蓮花腿，看似與原來的腿法相同，可踢使出來之時，卻有微妙的相異處，而且每一記腿法之間，俱都帶著後勁後著，史六郎幾個圈子轉下來，只看到滿天腿影，目不暇給。

史六轉完以後，董海川點點頭，問道，史六你感覺怎麼樣？史六恭恭敬敬地答道，自從老師傳我「賊」字訣後，我一直在想怎麼應用在腿法上，怎麼才能踢人踢得出其不意，防不勝防，後來融入了老師教的這個圈子，兩者融在一起練習，現在我的腿法，一腳踢出去，都帶著偏斜勁，不是明明白白地一腳一腳踢了，方向角度偏斜，對手更難防範，再加上空中隨意的控腿變勁，弟子自以為，與弟子原來的截腿門武藝相比，現今叫「賊腿」的史六，與原來叫「快腿」的史六，已有判若兩人的長足進步。

董老師點點頭，不置可否，嘴角一努，叫下一個弟子上場。

程三程四對望一眼，都走了上場，他兄弟二人本就常一起對練摔跤，現在練了轉圈，也是習慣雙人轉圈，程三與程四各站定位，於是開始各自轉起自個兒的圈子。

程家兄弟這一轉，又與先前史六轉的不同，要知道程家兄弟是摔跤的底子，轉起圈來，自有很多摔跤的搶把的身法，抓法、與大小拌子在裡頭，圈轉完了，董師問二人心得，程三怕程四不會說話，趕緊搶著說道：

「我兄弟倆自從練了董老師的轉圈以後，不知道為啥，好像讓原本學的跤法一下開竅了，以前咱兄弟與西城的西霸天魏老師摔，總是扛不過他，魏老師身大力猛，一提我褲腰帶就把我整人拎起，我一拐他腳，他腳像是生根兒鐵柱一般，根本動都動不了他一下，嘿，自從練了董老師的轉圈之後，原本咱摔跤中的『長腰』、『變臉』之法，我又多體悟了一層，原來這長腰變臉，都不是猛拿猛拉，而是有一個圈兒的勁在裡頭的，我上次把我這心得與魏老師講，魏老不信，讓我跟他下場摔，結果呢，嘿！我還真把魏老師贏了一跤，把他都摔矇了，他老人家至今還嚷嚷著要來老師家學轉圈呢！」

程三原本以為講出自己的戰績，能獲得董老師的讚許，豈知董師只是擺了擺手，不置可否，接著嘴一努，道：「師弟們都轉過了，接下來，換德安你來轉一轉！」

尹福一聽，心底一驚，他默默心想，且不說旗人公子全佳山，就連那馬貴、宮猴子都還沒轉呢，為何先輪到自個兒了？但尹福生性沉穩，又為一眾師兄弟之表率大師兄，豈敢造次，只能硬著頭皮，脫下外罩錦袍，走向正廳當中，轉了起來。

天山折梅手是個什麼東西？

金庸老先生寫小說，最厲害的就意象比喻法，如「老頑童」、「小龍女」這些風采人物，到現在都還是直指人心，看到年老而童心的，我們喜歡叫他老頑童，見到冰清玉潔出淤不染的，我們喜歡叫她小龍女。

更不要說，如威德先生白自在這樣自稱「古往今來天下劍法第一、拳腳第一、內功第一、暗器第一的大英雄、大豪傑、大俠士、大宗師」的狂妄之徒，對照李敖之先生的「五百年內白話文的前三名是李敖、李敖、李敖」，別有奇趣。

除了人物的比喻奇絕之外，其實金庸最厲害的還是對武功的比喻，當然，金老本身並不通武藝，但是他筆下的武功卻常常有神來之筆，令人不得不嘆服，如降龍十八掌、古墓派輕功、獨孤九劍、百花錯拳，都是精妙顛毫的絕佳譬喻，更不要說乾坤大挪移與九陽神功了，再過一萬年，人們還是會牢牢記住這個陰陽互轉的榫卯共生關係。

那些太深奧意象的武功不談，先談一個清淡如水的天山折梅手吧，這天山折梅手是什麼東西？這可是逍遙派天山童姥，在命危之際，才傳授給虛竹和尚保命的絕學，童姥說這天山折梅手一共六路，三路掌法，三路擒拿，可以破盡天下武功，端的是非同小可。

先不談那三路擒拿吧，先談那三路掌法，以三路掌法破盡天下武功的真實武學有沒有呢？有的，那就是世界上最古老的格鬥術之一拳擊，拳擊一共有幾招呢？大致來看，約莫只有直勾擺三拳，再分左右，一共六著，可是變化之多之精彩，令人目不暇給，諸君可以看看拳擊場上頂級拳手，就可知什麼叫做法無定法，著無定著，拳擊手真正厲害的，不是那幾下拳頭打這打哪，而是他們練出來的拳勁，配合蝴蝶步法，神出鬼沒，一拳既出，一拳緊隨，忽上忽下，聲東擊西，飛花亂舞，簡直叫人防不勝防。

當然有人會說，折梅手是掌法，拳擊是拳法，兩者並不相同，可其實拳擊之所以握拳，是因為手上有纏綁帶固腕護指，如若是裸拳相鬥（Bare knuckle Fighting），我想拳擊也會化拳為掌，不會固守原來的架勢，是以稍節用拳還是用掌，端看擊打環境如何變化，但基本理路是不變的，三路掌法（拳法）破盡天下武功。

最近看到一些影片，是甲方用拳擊大破乙方的太極功、詠春拳的，上場比武固然有個人修為的問題，可這些太極、詠春傳人們是不是太輕忽大意了一些？要知道，武功一道，並不是越花巧越繁複越好，反而是越簡單越單純越好，天山童姥說的「三路掌法，卻可破盡天下武功」，道理盡在此處，不可不慎啊！

說說八卦的八卦（十五）

上回說到，尹福被董海川點名，要下場轉一個圈子，看看他這些月來，對這董氏的轉圈之學，理解到什麼程度。

尹福為董師門下一眾師弟之表率，共同推舉為尹大師兄，他要上場練，自是不敢托大，莫叫師弟們小瞧了這個大師兄，尹福將錦袍脫下一甩，先來個亮場，勁力直透，那繡著雪花梅枝的絲綢白袍，帶著尹福的勁力旋飛而出，啪地一聲，恰巧掛在六尺開外的一張老紅木椅背上，這一下可帥得很，勁力要做到恰到好處，增一分，減一分都不行，一眾董門師弟看了無不大聲叫好，其中，又是以宮寶田叫得最大聲，「好也！師傅帥啊！」

尹福微微一笑，向四周一抱拳，答了禮數，於是走到廳中，架子一沉一擰一轉，開始走起圈來。

這尹福原本未拜董師之前，就是在京城城東，崇文門一帶赫赫有名，他既開鏢局，也做護院頭子，更自辦武術班訓練小孩，待挑出好苗子後，分配他們到自個兒入股的鏢局做事，或是安插進他名下護院的底活兒，是以徒弟眾多，聲勢赫赫，可他面目清癯，作風清雅，一時人稱「瘦尹」老師。

這尹福開武術班子，為的是訓練出來以後護院的底子員與鏢局的趟子手，自然是十八般武藝皆要訓練的，凡舉單刀，棍棒，短槍，甚至是暗器輕功等，追趕跑跳翻滾爬，都要讓徒弟們有一定的造詣，除了這些外家功夫，尹福傳授的拳術，主要來自於一套羅漢門的武藝。

這尹福的羅漢門功夫，究竟跟誰學的，尹福從來不說，也許是拜過很多老師，再融會貫通的，也未可知，尹福只說，這羅漢門來自天竺，傳至少林後，又分別有不同的變化出來，據說，當年從天竺剛剛傳過來時，完整的羅漢門共有一十六路[1]，可是多年以後，傳到尹福手上，只剩下七、八路功夫，尹福自出新意，將它截長補短，重新整理，一共恢復六路羅漢拳，分別是黑虎拳，伏虎拳，瘋魔拳，硬手拳，截手拳，與轉胄拳。

黑虎練幼虎出山，無所畏懼，伏虎練潛藏抱合，應守當守，瘋魔練亂拳快打，硬手練堅剛實硬，最後截手拳練的是彈，脆，截，斷四勁，轉胄則練護心，貫海，扯根，封耳四技。

這六套拳層層遞進，從打，從守，從快，從硬，從截，從護等六個訓練方向下手，有次序，

1 羅漢一詞，在公元二世紀時獅子國（今斯里蘭卡）慶友尊者作的《大阿羅漢難提密多羅所說法住記》中，原書記載，只有羅漢一十六位，即「阿羅漢」的簡稱，說是有十六位佛徒，受佛所囑咐，不入涅槃，在世間救苦，此書經孫悟空之師，玄奘和尚翻譯後傳入中國以後，被慢慢更改為十八羅漢，加入了降龍（迦葉尊者）、伏虎（彌勒尊者）二位尊者，並稱十八羅漢。（濟公在傳說中即為迦葉尊者轉世，即為降龍羅漢）唐五代的貫休和尚，有畫《十六羅漢圖》一圖，可知當時並無十八羅漢之說，此圖現存於日本皇宮內廳，被視為日本國寶，貫休所繪羅漢相，皆是「胡貌梵相」，老衲以為這是當時中國人對從外地傳來的宗教中，種種聖者的想像，又或如貫休本人所述，這些「不類世間所傳」的奇異面貌，皆是他「夢中所睹」。

也有方法，因此可以保證素質，從尹福的武術班子裡出去的小夥子，都有一定的拚打拚刀拚跑的能力。

這一套羅漢功夫，是尹福十數年之心血，拜師董海川之後，多學了一個轉圈，可畢竟原來的羅漢功夫早已入骨上身，豈是輕易說斷便斷的？

口吐飛劍是個什麼傳說？

老衲今天要講的，是口吐飛劍的傳說。

小時候看武俠小說，覺得最不合邏輯的就是練就飛劍，百里之外取人首級的故事，幾乎是一看生厭，特別不科學，什麼手指一抖飛劍紫青二光一閃，完全不能想像，難道是把打火機還是瓦斯噴槍植入到食指中指嗎？不合理呀！就算是植入在食指中指裏，火光一閃的時候也肯定會燒破真皮層，那還不痛的哇哇大叫，真是殺敵一百自損八千了。

後來看了蜀山劍俠傳與眾多武俠初萌芽階段的小說，才發現原來這種手指飛劍傳說，是來自於口吐飛劍的江湖傳聞，這才覺得有些道理；傳說中，江湖傳聞有兩則最盛，歷久不衰，第一就是輕功傳說，第二當屬這種口吐飛劍的江湖野聞，在不同時代不同地點，都有人在口耳流傳，就連近年來爆得大名的徐皓峰，也在他所謂的「紀實文學」中記上一筆，雖然實在不以為徐文是「紀實」，但皓峰先生的文筆的確好，把它當魔幻寫實看，亦無不可，以下原文抄錄：

傳說有個絕技叫「噴口濺（劍）」。舊時代練武人時興訪人，練成了就四處走，誰出名就找誰，上門就打架，敗了學兩招，勝了立刻走。有個壯武師，訪到一個老頭，老頭說：「我多大歲數了，比不了。」壯武師非要比，這時有個人挑了兩桶水過來，老頭說：「那就比吧，可你得容我喝口水。」攔住了挑水人，沒想到老頭一喝就喝了一桶水，壯武師看呆了，老頭猛一張口，一口水把壯武師噴倒在地。我沒見過練形意的人練這東西，原本以為是傳說，但一次看戲，發現平劇名角高月樓在舞台上表演這個。他在台下也表演，一口水能噴出去很遠，離他一步距離，挨他一口水，等於挨一個小拳頭。

這個噴口劍的說法，老衲認為就是後來武俠小說中，那種手指放光的飛劍傳說的由來，可是退一步想，這噴口劍的特技究竟是啥？老衲一直沒想明白，直到最近，聽了一個上海綿拳傳人的解釋，才豁然開朗，原來這噴口劍的技藝是真有的，但也不稀奇，只是融合了兩種技巧而成就的一種特殊功法，這兩種技巧一是「疊肚法」，二是「反芻」，且聽老衲一一說來。

先說疊肚，第一次見到疊肚法，是在看格雷西家族Rickson Gracie的紀錄片時，發現他用一種很奇特的方式做腹部、橫隔膜、核心肌群的鍛鍊，就是疊肚法了（Gracie做起來肚皮如波浪滾翻，可稱滾肚法，哈哈！），也有人稱之為吊胃、真空腹、外星人瑜伽等等奇怪的名稱，這種鍛鍊方式其實古今中外都有，除了格雷西柔術之外，印度瑜伽中更有一系列的nauli課程，意為「清洗」法，可以潔淨腸胃腹部的毒素，亦是十分類似的動作。

別以為這是柔術、瑜伽等運動的特權，西方健美力士的訓練，也曾有一段時間流行過「真空腹」，最著名的就是阿諾史瓦辛格，看看他早年的比賽照片，全是這種滾肚法定位的型態，只是後來一段時間，不知道為啥，健美界開始流行起「八塊肌」、「人魚線」的潮流，古典健美所謂的「真空腹」就不知所蹤了。

這種疊肚滾肚功夫，其實就是利用腹橫肌強力收縮，造成腹腔內壓力大增，進而強化腹部肌群與內臟的一種方式，看上去很神奇，但就像瑜伽的其他功法一樣，只要訓練得法，幾乎人人可以達成，算不上是稀有才藝。

除了疊肚滾肚之外，還有一種功夫叫做「反芻」，英文叫做regurgitate，而會此異能的人被稱作regurgitator，這原理很簡單，就是將胃上部連接食道的幽門練到開闔自如，然後再把食道與胃囊的彈性練大，功成之後，胃囊就變成了一個伸縮自在的隱形小口袋，可以放置任何東西；這一種技能大多是專業魔術師在練習使用，專門表演逃脫術的美國老牌魔術師胡迪尼，據說就可以利用反芻，拿出胃裏事先藏下的萬用鑰匙，進而開關逃脫。

老衲二〇〇六年時在斯德哥爾摩Stockholm的路上雜貨店裏，也曾遇過一魔術師近距離一時興起給老衲表演反芻，他吞了三顆健達出奇蛋，三顆連包裝紙完整吞下後，又一一從口中取出，蛋身毫無異狀，後來才知道他是著名的Regurgitator魔術師Stevie Starr，他可以將九顆撞球一一吞下，然後隨選按照你喊的號碼一一取出，或是分別吞下氣球與刀片，然後在胃部用刀片扎破氣球，至於他最最出名的表演吞金魚，那就更不用多說，有興趣的人可以自行去找影片觀賞。

了解了疊肚滾肚功與反芻特技之後，再回來講噴口劍，那位綿拳傳人解釋道，這噴口劍的技法在綿拳門內稱之為「水槍」，其實就是滾肚功加上反芻，綿拳門內稱之為翻空肚皮、提腔子，其師爺孫福海最擅此技，可以肚皮貼後背，他比武前先喝一大盆水，藏入胃中，然後再與對手講條件，若是講得不好要動手，那麼用滾肚的腹壓將胃囊中的清水一擠壓噴射而出，清水混著酸胃液直撲頭臉眼睛，對手當下肯定矇得找不著北，接下來一陣亂揍，要打哪兒就打哪兒，取勝制敵易如反掌，只是這功夫一出，必須把對手往死裏打，也不能有觀眾看著，否則的話這「水槍」的功夫一洩底，對方提防著，那也不一定是這麼好使的了。

聽完解釋，老衲瞬間覺得豁然開朗，疊肚滾肚與反芻魔術都是原本知道的，但怎麼也沒聯想到原來這兩樣拼湊起來，就是噴口劍的真相，而這也符合老衲一直以來對神祕事物的觀點，所謂的神祕，肯定有一個合於科學與合於人性的解釋的，不會是天外飛仙宇宙飛船，完全不合邏輯，世間萬物肯定有其背後的運行規則存在，你不明白只說明你見聞淺薄，不代表這事兒就真那麼高大上而深不可測。

哎！忽然發現說了半天說了半天，老衲竟也成說書的了，與跑江湖的有八分相像，不過老衲一不要錢二不要名，只圖說個痛快，大家聽著一樂就行，哈哈！

說說八卦的八卦（十六）

尹福煞費苦心，由原來的羅漢內功「挑筋拔脈」四字，融合董師月前所提的「轉走旋擰」，自個兒研發出一套在圈裡轉的羅漢功來，他一蹲一轉，眾人便看出端倪來了，連連驚呼，原來尹福把原來的「挑筋拔脈」，變成了「擰筋轉脈」，雖然原來的羅漢拳走的是冷硬快脆的路子，可這個圈子一轉，有直有圓，變化多端，像是一條鋼條熟紅透軟，復又以寒冰淬火而溫之，功勁比之原來，更勝一籌，妙不可言。

尹福將原本的羅漢拳拆出兩套，伏虎拳，硬手拳，隨意在圈裡圈外打將起來，有時跳出圈外，走方形直線，有時又閃入圈中，將原來的直線打法曲折起來，形成另一種獨特的風味風格，眾人一看，都各自叫好，說大師兄不愧是大師兄，把董老師的圈子，融入在原本的羅漢拳功之內了。

只有馬貴沉默不語。

董海川揚眉，擺擺手道：「好啦，德安你可以停了。」轉頭問道：「世卿，你覺得如何？」

馬貴緊蹙著眉頭，沒有說話，忽然聽到董師問他，連忙頭一低，答道：「啟稟老師，弟子年紀小，功夫淺，不敢胡亂瞎評大師哥，請老師莫怪。」

董海川哈哈大笑，又一揚手，問全佳山道：「山兒，你以為呢？」

全佳山拱手，道：「大師兄的功夫當然沒話說，這尹家的六路羅漢馳名東城，再加上老師的轉圈之法，看來，是百尺桿頭更進一步的。」

董海川轉頭又問道：「猴子，你以為如何？」

宮寶田躬身恭敬地答道：「尹師功夫高絕，雖然略遜師爺一籌，但在徒孫眼中，已經是神仙的功夫了。」

董海川聽完三人的話，嘿地一聲，道：「你們三人，一個心實，一個油滑，一個重義，都不肯講真話，好吧，真話由老夫來說說。」

尹福，程三程四，史六，聽董老師終於要開金口評價他們的功夫，都走上前來，凝神靜氣，不知董師要說他們練得好，還是不好呢？

只聽得董師一聲輕嘆，然後說道：「你們練得可以說都對，也可以說，其實練得通通不對。」[1]

1 十六羅漢，應為羅漢的十六種相，有「長眉」：端正通察，老於世相，梵文阿氏多；「探手」：呵欠伸腰，神昏醒覺，梵文半托迦；「布袋」：大肚如鼓，能容天下，梵文因揭陀；「挖耳」：閒逸自得，耳根清淨，梵文那迦犀那；「靜坐」：心靜修心，神斂於性，梵文諾距羅；「沉思」：冥想體悟，梵文羅怙羅多；「開心」：行善無所畏懼，梵文戍博迦；「歡喜」：歡喜極樂，梵文迦諾迦代蹉；「芭蕉」：雨打芭蕉，聞聲不亂，梵文伐那婆斯；「唱說」：唱法妙說，亦有笑師之稱，梵文伐闍羅弗多羅；「看門」：凝神警視，梵文注茶半托迦；「過江」：渡河脫舟，梵文跋陀羅；「騎象」：馴象騎象，象喻佛法，梵文迦理迦；「坐鹿」：坐鹿化鹿，鹿喻俗慾，梵文賓度羅跋羅墮闍；「舉缽」：化緣乞食，尊下於人，梵文諾迦跋哩陀；「托塔」：塔為塔婆，佛骨墳塚不離身之意，梵文蘇頻陀。尹福老師所謂的十六路羅漢，應當是對應這一十六種羅漢相，去對應，創造，發展出來的武功才是。

劈空掌是個什麼玩意？

談到劈空掌，是歷來是武俠小說的一個熱門項目，好比西方奇幻小說中的魔法杖，森林精靈一樣，是絕大多數武俠小說不可或缺的傳奇武功。

金庸怎麼描述這個劈空掌呢？最初出現在射鵰英雄傳中，郭靖黃蓉二人初至陸家莊時，看陸家莊的布置處處透著古怪，牆上還掛了鐵八卦，黃蓉說，這是他爹爹黃藥師練劈空掌的一個專使練功器具，說完之後，黃蓉順手露了一手劈空掌，原文如下：

黃蓉搖頭道：「這人必定會武，而且還是高手，你見到了他書房中的鐵八卦麼？」

郭靖道：「鐵八卦？那是什麼？」

黃蓉道：「那是用來練劈空掌的傢伙。爹爹教過我這套掌法，我嫌氣悶，練不到一個月便擱下了，真想不到又會在這裡見到。」

郭靖道：「這陸莊主對咱們決無歹意，他既不說，咱們只當不知就是。」

黃蓉點頭一笑，揮掌向著燭台虛劈，嗤的一聲，燭火應手而滅。

郭靖低贊一聲：「好掌法！」問道：「這就是劈空掌麼？」

黃蓉笑道：「我就只練到這樣，鬧著玩還可以，要打人可全無用處。」

這劈空掌在現實中有原型嗎？其實是有的，在老衲的傳承中，這個劈空掌有一個奇特的名字，叫做「水火掌」，這水火掌是什麼呢？且聽老衲慢慢敘來。

老衲的師父當年教老衲心意六合拳，教到最後時，交代道：「心意門的功夫絕少用掌，不過你師爺傳下來三種掌功練法，可以給你說一說，這三種掌法一黑一紅，第三種是水火掌。」

說到這裏，老衲先岔開說一句話，所謂的掌功或拳功，蓋因古代武術搏擊時並無拳套或綁帶護手，所以需要特別鍛鍊指掌拳等，以免在實搏時受傷骨折，因此傳武中有適當掌功鍛鍊，並不稀罕，掌功之說並非故作驚人語。

回說這三種掌法，老衲師父所謂的一黑，即是鐵砂掌，而鐵砂呈黑色也，鐵砂掌練法坊間所在多有，就不贅述，而所謂的一紅，是謂紅砂手，這種掌功練的時候手掌充血，稍有不慎，手掌微血管破裂，即成紅砂狀，而另一說此手打在人身上，容易造成內出血，表面呈紅色手印子，故名紅砂手。

老衲的師父說，這紅砂手有點陰毒，他十五、六歲時有段時間苦練紅砂手，恰巧遇到學校一高壯的惡霸學生，老在排隊時在後邊踢他屁股取樂，他一怒之下回頭一閃身，一掌拍在那惡霸學生的腰腎部位，那人當場軟倒，後來那位同學每到濕冷天氣必犯腰痛，拔罐火療都不見效，可說傷得極其古怪。

老衲曾追問過這是什麼原理？師父也答不出個所以然來，只說是氣上傷了的緣故，老衲是現代人，無法接受這種玄學講法，以為只是比較內層的組織，或內臟受傷的緣故。

回頭說這第三種掌功水火掌，這水火掌顧名思義，利用水火功鍛鍊，火功即是在遠處點一支燭火，然後以掌風打滅燭火，如欲增加功力，可以將燭火越來越遠，而水功則是在地上放一盆水，以掌向下拍捧，造成水面震動波紋，同樣的，欲增加功力，可在腳下墊上磚塊，讓手掌離水面越來越遠。

這樣的訓練在練些什麼呢？老衲以為至少有兩點：一是發力時手臂的鬆與順，若是發力時手臂不鬆不順，帶起的掌風肯定銳減，自然也打不起來水火，另一方面，是擊打目標的意念遠近，老衲聽聞四川某省隊拳擊教練，在訓練拳手時，極度強調打擊時的意念要在靶後一寸，視為重拳發力ＫＯ的唯一訣竅，而這水火掌功的練法也有這個意味在，學者在擊打水火時，需要將意念停留在那一點擊打目標上，才能順利滅燭震水。

老衲個人以為，這三種掌功並非心意門原傳，而是馬學禮祖師掛單少林寺印證武功時串來的，門內相傳馬師練成心意六合之後，曾到當時天下武功最大的集散交流之地少林寺掛單，印證所學，不過老衲在與學生談到此事時，老衲學生搖搖頭並不相信，說少林寺是佛教，馬學禮祖師是穆斯林，怎麼可以住在一起？老衲被學生這一問，瞠目結舌說不出話，從沒想過這方面的問題，可能要請教宗教專家才知道。

撇除宗教問題，老衲為什麼會認為這掌功是從少林寺串來的呢？因為少林七十二絕藝中有一技「井拳功」，又名「陰拳」的功夫，與這水火掌的練法極度相似，而那一黑一紅，也可以在少林七十二藝中找到對應的功夫，而心意門本身的功夫，在技擊時絕少用掌，特意花啫大功夫搞出這三種掌功來，於理不合也。

老衲這篇文把水火掌的練法要點公布了出來，沒有什麼別的意思，只是想要說明，真正的傳統功夫，大多都是很實效性但重複性高的簡單功夫，並非今人一般看到的表演花招，這三種掌功的鍛鍊，都是非常「樸實，無華，且枯燥」的。

當然，本篇講的都是特殊的掌功，比較一般性的掌功，打沙袋配合身步眼等等，應該就不用老衲來多嘴了吧！

說說八卦的八卦（十七）

上回說道，董海川終於要開金口點評，史六、程三、尹福，這幾個徒弟們下場轉圈，到底是轉得好還是不好，就在這時，一向心直口快的程四，插嘴說道：

「老師等等，俺不服！」

董師一挑眉，問道：「程四，你哪裡不服？」

程四說道：「俺和俺哥，和大師兄，和史六郎都下場練了，這全佳山沒練，這小馬沒練，宮猴子也沒練，俺也想看他們練練，到底跟俺練的，有什麼一樣的不一樣的。」

董師還沒說話，那宮寶田便走上場中，繞場一抱拳，道一聲：「我來也！請師爺，師叔們指點。」說完，便轉起圈子來。

這宮寶田轉圈，不要說，還真是看不出個東西來，就是平平實實地轉一個圈，即無拳著，也無腿法，只是這圈忽大忽小，忽快忽慢，身形忽高忽低罷了。

程四看了哈哈大笑，道：「宮猴子你才入董師這門下不久，啥也不懂的，好啦，別練了，俺想看小馬轉，想看全佳公子也下來轉轉。」

宮寶田聽程四師叔這麼一說，便即收功，停下圈來，向董老師一鞠躬，便退回場下。

一邊馬貴聽程四如此點名，一聲不吭，也跟著上場轉了二三十圈，他的圈，與宮寶田如出一路，都只是一個圈子而已，最多大小快慢高低變化，並無什麼奇特之處。

董海川待馬貴也退下去以後，嘆道：「世卿，看來你與猴子互相鑽研不少啊！」

馬貴有些靦腆，道：「是，我與寶田說得來，我們常在一起研究老師說的轉走旋擰四字，然後依此練功，但到底是在練什麼功夫，老實說我們也不知道。」

董師點點頭，沒接話，扭頭又問全佳山道：「程四說得有理，山兒，你也下場轉轉吧！」

全佳山點頭稱是，他凝神靜氣，下場轉圈，全佳山這麼一轉，又跟馬貴與宮寶田轉起來不同，身形之外好像帶著一股凝運之氣，隨之迴旋不已，但具體要說是哪裡不同，眾人卻又是說不上來，只覺全佳山轉得頗有味道而已。

董師撫掌，大聲叫好，喊道：「好！好！好。山兒你與他們說說，你的練功心得是什麼？」

全佳山停了下來，向眾師兄弟們抱拳為禮，然後說道：「我也說不上有什麼獨特的心得，就是按照老師講的『轉走旋擰』四個字去練，練久了，感覺『轉走』是一體，『旋擰』又是一體，再往深處練，今日……今日我忽然感覺到，這『轉走』與『旋擰』，其實本為一體，不應強分為二。」

全佳山這一片話說出來，程四聽得是丈二金剛摸不著腦袋，他搔搔頭，轉向一旁的三哥道：「這小子……這小子在胡說些什麼啊？」

程三在他四弟的腦袋瓜上打個爆栗，道：「仔細想想！別先多嘴！」

尹福嘴角一動，卻強自忍住，史六則一副無所謂的樣子，道：「老師，我們真的是不懂，是不是請您給我們講講拳？這全佳公子練的，跟小馬、猴子練的，跟我們幾個練的，彼此之間，到底有什麼不同？」

董海川哈哈大笑，忽然問馬貴道：「世卿，老夫知道你心底有一個問題；你一直在想，什麼是以武入道，是不是？」

馬貴臉一紅，向董師做了一揖，道：「老師見笑了，世卿不該想這些……這些奇怪無聊的問題……」

董海川擺擺手，道：「不，你的問題很好。老夫當年在雪花山練功時，也問過到那道士……『道』，究竟是什麼？」

什麼是門派？門派是什麼？

談到傳統武術，大家第一件事肯定想到的是「門派」這件事，什麼是門派呢？武俠小說看多的人可能會說是少林、武當，可這是小說家言；實際對傳武有所了解的人，當知道老衲所說的門派，為傳統所謂的內家三拳：形意、八卦、太極，或者北方的功力、八極、劈掛、戳腳、螳螂；又或者是南方的鐵線拳、虎鶴雙形、工字伏虎（這三拳均為洪拳門）、福建永春的白鶴（鶴拳傳統分四種，曰飛鳴宿食，後又有方氏晚出之縱鶴）、廣東佛山的詠春，當然還有一些較為冷門的拳種門派，如猴拳、地趟、羅漢、三皇砲、孫臏拳、六合拳等等，即便單講摔跤，廣義的中國跤中，門派也多，有京津兩地前清善撲營傳下的京跤，有河北保定回族任內部流傳的保定跤、有蒙古人從馴馬中化出的蒙古跤。

好了，傳武門派如此眾多，有人便說道，其實武術不過就是「拳打腳踢」、「點打摔拿」嗎？何用分那麼多門派？不如讓這些門派俱往矣，數風流，只看ＭＭＡ就好；老衲自小習武，這論點聽得多了，也反思過數年，是與不是，對與不對之間，有一些個人心得，可以與眾看官分享。

首先，老衲先定義一下「武術」是什麼呢？武術返本溯源，就是一種打倒對手的方法，讓對手失去戰鬥力，俗稱ＫＯ，不是表演、不是特技、也不是各種遊戲規則下的體育活動計分方式，而是血淋淋、活生生地將對手擊倒。

好，既然「武術」是將對手擊倒的一種方法，那麼常見常規的擊倒方法，我們可以歸類成幾種，第一種是最直覺的「拳打腳踢」，第二種是「摔法」，即是讓對手失去重心平衡而摔倒在地，第三種則是「反關節」，中國傳武式的擒拿大多以站立方式做腕、肘、肩、頸各部位的反關節，而且大多施技時以雙手為主，而ＭＭＡ主流技術格雷西柔術，則是更強調在雙人均倒地時，手腳齊上，針對大部位頭、手臂、膝腿做反關節的技術。

好了，既然武術不外乎這三種方式擊倒對手，那麼各門各派，不過是這三種技術的融合，而且各自比重不同，如保定摔跤強調散手跤，所以雖然摔跤法的比重多些，但還是有較少量的拳打腳踢，而如螳螂、八極一類的拳法，則是拳打腳踢的技術占比較高，而摔跤法的占比較少些，但若另一角度看，螳螂使用反關節的技法，又比八極還要高一些。

「拳打腳踢」、「摔法」、「反關節」，這三種技法就好比色彩學中的三原色，三原色的意義在於，任何一種色彩，都可以使用某一種特定比例的三原色下去調節出來，而變成第四種、第五種以上的特殊色彩，但究其根本，色彩學不過就是三原色，搞通三原色，理論上任何顏色都可以掌握。

事實上現代搏擊中的綜合格鬥，就是這樣幹的，綜合格鬥選手的訓練，從基礎的拳打腳踢，再到無裝摔法（傳統的摔法與所著的道服樣式有很大關係，綜合格鬥的摔法更著重於不抓道服的摔法），最後就是地板上的各式反關節技術。

所以，基本上一個人若要粗通格鬥，那末學習綜合格鬥的方法便行，綜合格鬥的教法好比三原色，讓你快速掌握拳打腳踢、摔法、反關節這三種格鬥基礎，當然，可能一開始你拳打力量不如拳擊，腳踢華麗不如跆拳，摔法不及柔道角力剛猛，反關節也比不上格雷西家族武館培養出來的渾身是鎖功夫，但是格鬥中所需要技術，你已初階完備，剩下的即是你要如何內化與融合這格鬥三原色的掌握，還有實戰經驗的深化加強。

說到這，門派的意義已經隱含而出，所謂的綜合格鬥，其實也算是一種現代搏擊運動因應而生的「新門派」，它所傳授的內容，無一不是原來傳統的拳擊、角力、柔術等等門派的內容，只是它的側重點不同，還有它背後的格鬥思維不同。

綜合格鬥它的思維很明白，它要求學者從一開始就掌握基本的格鬥三原色踢打摔拿，不要求某一種特別的技術，等初步掌握了之後，再要求其他，這就是綜合格鬥這一「門派」的創派思維了；以此觀點看，拳擊有拳擊的思維，柔道有柔道的思維，一個門派，真正的立足點，不在乎名稱，而在乎其中隱含的內在格鬥思維；而以此反推，傳統門派各自內在的「格鬥思維」是什麼呢？難道練了一輩子，也就是練了個踢打摔拿的大雜燴，結果還沒有綜合格鬥來的開門見山，專項專練來得效果實在。

以老衲淺見，其實傳統門派，各自還是有各自不同的格鬥思維的，只是傳統文化還有環境的壓力下，使得在傳承武術的過程中步步保守，而在歷史中逐漸丟失了而已，但一個門派的創立之初，那祖師爺肯定是有一個，有別於當時其他門派，見解獨到不凡的格鬥思維，而依據此格鬥思維，而逐步創立一個門派。

比如說，中國山東的大拳派螳螂門，它的創派思維是什麼呢？螳螂門祖師爺據說是一個叫王朗的人，王朗的拳技如何來的，莫衷一是，各支各有講法，但他傳承下來的一個創派理念歌訣，卻很有意思，抄錄其下：

太祖的長拳起首，韓通的通背為母；
鄭恩的纏封尤妙，溫元的短拳更奇；
馬籍的短打最甚，孫恆的猴拳且盛；
黃祐的靠身難近，綿盛的面掌飛疾；
金相的磕手通拳，懷德的摔捋硬崩；
劉興的勾摟採手，譚方的滾漏貫耳；
燕青的拈拿跌法，林沖的鴛鴦腳強；

孟甦的七勢連拳，崔連的窩裡剖捶；
楊滾的棍採直入，王朗的螳螂總敵。

綜上所述，可知王朗融合了十八家拳法的精要，而創出螳螂拳，他的格鬥思維是什麼呢？俺想可歸類為「誰好用就用」，所以「勾摟採手」好用，拿進來用，「纏封」、「短拳」好用，拿進來用，王朗想必是一個江湖浪跡客，在古代交通不便的狀態下，居然走遍拜訪學習了十八家拳法，融合為一，最後形成螳螂門這個流傳數百年的大拳派。

與螳螂門有絕大反差的，可以提一個形意門，形意拳祖師李老農，原習花拳，後來又從山西戴家習戴氏心意拳*，李老農學完戴氏心意之後，將戴氏心意的內容更加簡化，回到河北後，所教門人幾乎只練五個動作（五行拳），有個別的門人甚至只練一兩個動作，如郭雲深先生號稱「半步崩拳打天下」，據稱其只練崩拳、虎撲而已，而第三代傳人尚雲祥先生開拳時只會崩拳，後來幾乎也只練鷹捉、劈拳、崩拳等兩三個動作而已，尚的事蹟言行，在徐皓峰幫李仲軒老人整理的文集中有提及，可不是老衲瞎講的。

（*按：其實戴家所傳之名為心意拳，但山西戴家所傳之心意拳，內容實在與河南回族所習練的心意拳差別過大，所以後世分別稱之山西心意、戴氏心意、河南心意，以示區別，但當時的人各自認為自己練的都是心意拳，這點歷史容後再論。）

當然形意門仍保留許多傳統的套路，除五行拳之外，還有十二形拳、五行生剋對練，五行連環拳，甚至是雜式捶等等，但是從李老農一路傳下來的形意拳，其實側重點並不在你練了多少動作，而是強調「找功練勁」（李仲軒老人語），老衲想這可能與李老農鏢師背景有關，因為鏢師在押鏢時，真遇上要動武的情況，最好的方式就是一兩下解決對手，然後趕緊離開當地，所以鏢師所練的功夫強調簡單實用，功大力沉，這就是形意門與其他門派，不同的格鬥思維了。

當然，形意門傳至今日，不知有多少聰慧之士投入門下，可能都對它的內容做了很多改革與變化，老衲只是談自己知道的形意門，來藉此舉例而已，並不能代表當今形意門實際的狀況。

螳螂與形意，都是流傳百年以上的大門派，各自有各自的格鬥思維，沒有對錯，只有見解不同而已，當談及一個門派，最要緊的就是了解它的格鬥思維，對抗法則，也就是時髦話講的中心思想，核心價值；了解此處之後，等於你已經對這門學問有一個概括式的理解，再開始學習它因應此思想思維，而衍伸出來的拳法功法，在學習的路上，肯定能夠事半功倍；而實際上，傳統的教學方式則倒轉過來，先教學者最不重要的套路招法，其次再教拳法功法，最後才是所謂的「密傳心法」，其實「心法」是什麼?心法就是用心之法，換成現代詞語就是概念，concept，或者說是理論（theme／theory）。

先教拳法再教心法、還是先教心法再教拳法？這不是一個雞生蛋蛋生雞的問題，而是一個正練還是逆練九陰真經的問題，講到這，忽然想到另一個話題，什麼是拳法呢？拳法是什麼呢？拳法其實不是一招一式，拳法最重要的是，它是一個有想法的教程體系，這一題不小，老衲下回再談。

說說八卦的八卦（十八）

上回說到，董海川的幾個徒弟，事隔多月之後，都下場轉圈，各自有各自的路數，誰也不能說誰比較好了去，正在等董海川來評，誰知，董師口風一轉，竟轉去那「以武入道」的話題上去了。

「其實，老夫一直想教大夥兒點東西，無奈，實在是教不進去，今日就藉著這個『以武入道』，給大夥兒說說，不知你們怎麼想？」董海川悠悠說道，眼神看著一眾徒弟，意示詢問。

尹福當頭說道，「老師想教弟子們東西，弟子哪有說三道四之理，便請老師開示。」尹福為一眾董氏門生之長，他這一說，董師一眾門生也紛紛叫好，請董老師說說，到底什麼是「道」？其中，可能只有程四心直，心中罵罵咧咧，但他一向畏服他三哥，剛剛被程三一個爆栗，眼神一瞪，他也不敢亂說話了。

「這道呢，當年老夫也問過那道士的，可他的回答太玄，老夫至今沒有想通，這裡講的，只是老夫這輩子習武練武的一些心得而已，」董海川咳嗽一聲，又繼續說道：「老夫年輕時，追求武藝，也曾想過這以武入道是什麼意思，想了摸了一輩子，有三點心得，分別是修道的上乘法，中乘法，與下乘法，你們想先聽哪一個法？」

程四前頭都聽得雲裡霧裡，根本不知董師在講些什麼，好不容易，他聽到上中下，程四一聽，這個好懂，什麼東西都要「取法乎上」嘛！程四喊道：「老師，俺想先聽上乘法！」

董海川笑道，「程老四你就是急，好，老夫先說說上乘法。」

董師說完，轉身入內堂，不一會兒，捧出一隻貓來，董師一面輕輕地撫著那隻貓，一邊說：「大夥兒有什麼稱手兵刃的，通通先拿在手上。」

董海川此言一出，尹福等人都有些傻住，但董師是何等人啊？徒弟們哪敢不遵，外面都傳，打遍黃河以北的半步崩拳郭雲深老師，與那出道以來未逢敵手的楊無敵楊露蟬老師，兩人功夫一剛一柔，並稱天下二絕，這董海川一出來，武行裡頭才知道，原來也有那半陰半陽的奇妙功夫，私底下都在傳，董老公武功絕頂，不知道什麼時候這三個人碰一碰，才知道當世武學的最高峰，究竟是何者。

這神祕莫測又武功絕頂的董海川，忽然喊徒弟們拿出稱手兵刃，眾徒弟都以為，是董老師想試試大夥兒功夫了，一時鏗鏘之聲不絕，尹福從懷裡拿出一對判官筆套在手上（一根鐵筆，比小臂稍短，上有一環，可套在指上轉動自如，又不怕震脫出手。），程三從袖中滑出兩把短刀握緊，程四解開包袱，端出一把大長單刀，史六一摸腰間，將纏在腰帶中的九節鞭抽了出來，馬貴善使棒，腳一踢一勾，把放在廳邊的一支短棒製在手中，宮寶田本來就善彈弓與甩鏢，到了董師這裡，董師又傳了他好多奇形暗器，此時他接發暗器之功已臻化境，只隨意將腰間的煙簽子拿出來，在手上預備著而已。

全佳山的兵刃，則是一對護手十字拐，他一向都將這拐藏在袍中腿邊，此時只眼一霎的功夫，那雙㧐便到了他的手上。

董師見大夥兒都準備好了，揮手讓眾人面對著他圍成一個大圈，然後說道：「小心了！別讓這小傢伙跑了！」說完董師手一揚，一隻黑灰色的活物從董師手上急竄而出，眾人定睛一看，竟是隻老鼠！

這一來眾人便如推牛喝水，完全使不上力來，雖然手中兵刃稱手，與人相搏時也都無不如意，可是遇上了這隻小小老鼠，居然全部的人都鬧了個手忙腳亂，那老鼠左右突圍，好幾次都差點闖出眾人圍住的圈子，全靠附近幾個人齊力，不管是刀啊拐啊筆啊棒的，全力圍堵，插在地上好像柵欄模樣，才勉強把這隻老鼠卡著，留在圈中。

董海川看一眾徒弟忙得滿頭大汗的窘樣，在一旁哈哈大笑，忽地一聲長嘯，叫道：「大夥兒都別動！」緊接著董師手中一放，懷中之貓如電一閃，根本沒看清，那隻貓已輕巧地將老鼠咬在牙口之中，喵地一聲，跳回窩在董師腳邊。

董師悠悠解釋道：「這鼠跟這貓，可什麼武功家數都沒練過，你們捫心想想，你們比得上牠哥倆哪一點？若是這兩個活物，身子長到跟你們一般大小，你們比武，能比得過哪一個？」

眾人聽完董師解釋，都是若有所思，只有那程四一臉茫然，搔搔頭道：「老師，您還是講中乘法給俺聽聽好了。」

什麼是拳法？拳法是什麼？（上）

老衲曾寫過一篇「什麼是門派」，一直想再寫一篇「什麼是拳法」，與沒練過武的朋友談談，到底什麼是拳法？

很多人不曉得，說到「拳法」兩個字，其實行家裏手所講的「拳法」，向來不是那具體的一招一式，而是一整個拳法的訓練體系與學習架構，好比拳擊與泰拳中，都有直拳的招式，如果你具體去比較這個直拳有何不同，意義不大，更值得比較的應該是，拳擊整體的訓練架構，與泰拳整體的訓練架構。

說到傳統武術，最廣泛流傳，為眾人所知的訓練體系，當數詠春拳的三套拳——「小念頭」，「尋橋」，「標指」，除此之外，詠春門還有一套「木人樁法」的訓練，這一套訓練體系過程，一般來說是先練小念頭，再練尋橋，最後練標指，當然中間輔助以雙人黐手或木人樁法的訓練，所以行家們談到詠春拳，並非指那電影中的中線短拳就叫做詠春，而是泛指這一整套的訓練過程而言，而且嚴格來說，這一整套過程，才有資格叫做詠春，如果你把它切開任何一小部位分別討論，好比切開一個單招中線短拳，然後討論這個中線短拳好與不好，是完全沒有意義的。

而詠春拳中的這幾項東西，到底在訓練些什麼？老衲私心以為，最簡單而精確的說法是，詠春拳中這三套東西，是圓心相同的小圓中圓大圓，小圓練根，中圓練幹，大圓練葉，而木人樁呢，則是在訓練「舞獅頭」，獅頭一舞起來，獅身獅尾隨之擺動，這個說法相當漂亮，老衲一見不忘，不敢掠美，是在網上見到詠春門的黃英哲老師公開說的。

說到這裏，沒練過武的朋友有沒有發現一點兒不同處？常人以為，傳統武術就是一套路一套路的練過去，可是在真正的行家手裏，這些都是不同的「概念」，所謂的「拳法」，其實是一階段一階段的訓練概念，讓你通過這個訓練的過程順序，把你從一個「不會打架的普通人」訓練成「能夠打架的拳手」。

這其中，訓練的「順序」，是極為重要的，好比先談戀愛再結婚後懷孕生子，跟先懷孕生子再結婚最後再談戀愛，是完全不同的順序，孰優孰劣，大夥兒心底有數。

說完詠春，老衲再舉兩個例子，有助大夥兒了解老衲所說的這個概念，好比中國北方有兩種注重功勁的拳法，一是形意，二是八極，這兩種拳法，都極為注重「功勁」與「發力」的訓練，但這其中有什麼不同呢？

老衲以為，最大的不同，還是要從訓練架構上去看。

形意拳的訓練架構，一般來說先「站三體式」，這「三體」是啥呢？可不是科幻小說家劉慈欣所寫的小說《三體》，在形意拳內，三體分別指「手」、「身」、「腿」，而站三體式，就是要把手身腿站成一整塊，為練形意功勁的基礎。

在形意拳的訓練架構中，練完此後，再跟著練劈鑽崩三拳，這三拳是一個中線上的翻浪勁，形意拳有四個字形容，叫做是「起鑽落翻」，基本是一個起豎落橫的東西，劈拳，崩拳，鑽拳，都是這個東西上生發的變化，所以形意門內有人專精劈拳，如李存義先生，也有人專精崩拳，如郭雲深先生。

練完劈鑽崩之後，再往旁找，便是找砲拳、橫拳的力，這五種力找著，發得出來，基本就可以打人，若再加上一些十二形，安身砲，五行連環，雜式盤根等等，都是此基礎上的更深訓練，略過不談。

說說八卦的八卦（十九）

董海川咳嗽一聲，道：「上乘法你們不懂，看來火候還沒到，得再燜一燜，沒關係，老夫先講下乘法。」

董海川邊說，那貓已將那隻可憐的老鼠啃得乾乾淨淨，一點兒肉也不剩，人家說，張飛賣刺蝟，是人強貨扎手，這董海川養貓，不知該編一個什麼歇後語來著，也許是人靈貓也靈。

董師嘴角一努，對那隻貓吱吱兩聲，那貓兒好似聽得懂人話一般，點點頭，腳步無聲，就轉入董宅後堂，給董師叼了一支長木桿子出來。

眾人定睛一看，才知此桿怪異，並非一般的木桿子，它像是一條扁扁的木片，厚一寸，長三尺，一面米色一面墨色，董師的徒弟都上來摸，這東西極是柔韌，可以扳彎，可一放手，又都彈了回來，彈力極大，程四一個不注意，給它在臉上一掃，登時高高紅脹腫起。

眾人都問董師，這是什麼東西，董師說道：「這怪東西叫『乾坤藤板筋』，是老夫當年在雲南山中挖出來的，據當地的土人說，深山裡的龍神（當地土人稱大蟒蛇為龍神），最喜歡吃它，像是熊貓喜歡吃竹子一樣，它內層米白，外層墨黑，將之剖成一半，便成了現在你們看到的半白半黑的模樣，除了形色奇特之外，它的質地極為堅韌又極有彈力，老夫覺得很有意思，便一直帶在身邊。」

董師拿著這藤板筋一晃，指著大夥兒，說道：「來，都跟老夫來玩玩過過招。」

程四想，嘿，終於講到正題了，大刀一提就往董師身上砍，豈知匡噹一聲，董師用手上的藤板筋一架，程四手中之刀劇震，差點握不住手，就在這不及眨眼的一瞬之間，這藤板筋被程四刀上之勁反彈，砸到了程四的臉上。

程四另一邊原本好好的臉皮也高高紅脹腫了起來。

他大刀一扔，摀著臉道：「老師好詐，都沒說這怪東西不吃刀！」

董海川哈哈大笑，回道：「老夫忘了說，這藤板筋最大的好處是水火不禁，刀槍不入，不過孫子兵法講，兵不厭詐！老夫可是教了史六『賊』字訣的人，難道老師自己反倒不會賊兩下子嗎？哈哈！」

董師說完，接連幾個徒弟都跟著與董師試手，結果都是一樣，董海川先以藤板筋與他們的兵刃一撞，要知道，這藤板筋有一個特點，就是被撞彎的越大，反彈之力越大，這藤板筋刀槍不入，無論什麼東西撞上去，都不損它一分一毫，反而加強了它的反擊之力，而無論對手的兵刃如何騰挪變化，董海川皆是用藤板筋一敲一撞，然後任這條藤板筋自力順勢反擊，眾人試了好多兵刃招數，卻是奈何不了這一根平平無奇的藤板筋。

全佳山在一旁看了許久，忽然大叫道：「就是這個！當時我與老師試手，就是這感覺！」

董海川一笑停手，道：「山兒悟性真的高絕，這麼快就想到了。」

全佳山一笑，繼續認真地講下去：「每次我與董師試手，或是我見董師與他人試手，都是這樣，事前根本看不出董師會出什麼招，可是當對方一出手，董師總是能碰上反擊，打得恰到好處，或手，或肘，或腿，或打或纏或摔，或震或截或借，千變萬化，我從前一直想不懂，這個道理究竟是什麼，現在……現在一看到這藤板筋的打法，忽然懂了。」

程三在旁邊，忽然道：「那劉德寬除了來老師這兒練轉圈，另外也與楊無敵老師練太極，我與老劉是老朋友了，曾聽他講過楊無敵老師的幾句口訣，叫：『隨屈就伸，急緩自應，變化萬端，理則一也』，看來，也有點像這條藤板筋呢！」

董師哈哈大笑，道：「這楊無敵楊露蟬真是個妙人，口訣很正。」

馬貴在一旁，皺緊眉頭緊緊思考，終於迸出一句：「老師，這條藤板筋好懂，可是……可是，要怎麼把身子手腿，練得像這條藤板筋一樣呢？我們手是手，腿是腿，身子是身子啊！」

董海川微笑沒答，轉頭問道：「猴子，你說呢？」

宮寶田一直站在旁邊叉著手不說話，聽到董師問他，才一躬身，恭敬答道：「回師爺的話，徒孫不敢妄言，不過徒孫想，那應該與中乘法有關吧！」

什麼是拳法？拳法是什麼？（下）

舉完形意拳的例子，再舉一個八極拳作為範例解釋。

八極拳同樣作為一個注重功勁與發力的拳種，它的設計架構與訓練體系，與形意拳完全不同。

先說八極之名，有人認為八極之名來自明代的「巴子拳棍」，也有人認為八極之名來自於「拳形似耙」，都各自有道理，不過還有一種說法是，八極拳之所以為八極，是希望將力發到八面支撐，打到八方極遠之處，故名八極。

若以這個拳名解釋來看，八極之名，已經包含了八極拳的訓練架構，八極先練中定，有支派叫千斤墜地功，也有支派叫做天地勁，總之是一個貫通上下的勁道，老衲不喜歡花梢，叫它「中定」勁便好。

在八極拳的訓練架構中，這個中定之力找著之後，下一步是啥呢？下一步是再練左右找力與前後拔力，這一步功，各八極支派中各自的名稱很多，有的稱此為熊形虎形，取熊形左右搖晃，虎形前後蹦拔之意，有的稱之為拉弓盤弓云云，反正是一個左右力與前後力的結合，若是這兩個方向的力合起來，便是所謂的十字勁，如此一來，若是練到這一步功，上下左右前後，都應該有了些八極味道。

八極拳中修功勁的最後一步訓練，即是把這些直勁轉得橫擰起來，把直來直去的拳打旋了，動之欲出，發之猶含，渾身帶挫勁，到這一步功夫時，練者隨手一發力，便都有八面支撐的意思了，到此一步，打這拳名曰八極，可以說是實至名歸。

若喜歡招法，再從學些六肘頭，金剛八勢，抑或是六開八打之類的東西應付，都是手到擒來之事，八極拳重「闖」字訣，手是闖勁，腿是闖步，功勁上身，開門拔根易如反掌。

有些形意、八極名師，天天教徒弟，都在招法上打轉，所以教出來的徒弟，功夫與師傅有天壤之別，不是招法不會，而是在功勁渾厚上差師傅太多，老衲的好朋友講過一個比喻，若是一隻熊來，根本不會啥招法，一樣一掌拍死你，就是這個道理。

扯遠了，老衲只是想說，任何拳法都是一個完整的訓練架構，雖然依此架構訓練，絕不保證你能天下無敵，可最低限度，讓你了解一個拳法體系它的設計思維，如何訓練一個人從「不會」到「會」，這個過程，總要理解，不能悶頭瞎練，這是學拳練武的最基本要求。

說說八卦的八卦（二十）

一眾徒弟，此刻在董師宅中，已是深夜三更，可大夥兒並不覺得累，他們難得聽董老師有這麼高的談興，尤其是講拳，董師向來什麼都談，就是不太喜歡談拳，你跟他試手，一晃眼就被打出去，可是要你磨他練一套給你看，那可是千難萬難，連練練都難，更何況是講解其中的原理。

有時董師也說一些拳理，可是都是些武林中常見的老生之談，如三扣三抱啦，如三尖相照啦，手快打手遲啦，抓人者人亦抓之啦，這些一聽，就是從別的門派串來的，可大夥兒一直想要知道的，董師的武功獨到之秘，董師卻極少談到，最多就是一兩句話，練，轉，好好轉，好好練，諸如此類。

今日董師不知是為什麼，談興極高，還一口氣談了道的上乘法與下乘法，剩一個中乘法未說，正且談到最後，宮寶田提起這中乘法，董師大笑，說好，咱們就聊這中乘法。

董海川還是拿著那「乾坤藤板筋」在手上，他將這藤板筋一環，環成一個圈，內白外黑，叫眾人都走過來看看。

「老夫叫大夥兒走的圈，就是走這個東西，看明白了沒有？」董海川解釋道，那程四又想插嘴，程三手快，趕忙給他四弟摀住了嘴。

董師待一眾徒弟都看明白這個內白外黑的藤板筋圈之後，忽然把藤板筋的雙頭一扭，再接到一處，如此一來，這黑色之底是米白，可米白之底尋到盡處，卻又是烏黑墨色，董海川道：「大夥兒看看，這藤板筋這樣一扭，再接起來，卻變成了一個無外也無內的圈了。」

眾人一看，從沒見過這樣的圈，都嘖嘖稱奇了起來。

（老衲按：董師的這個無外無內的圈子，即現代西洋數學中所謂之莫比烏斯環Möbius Strip。）

董師把這環交給宮寶田拿著，他自己卻下場轉起圈來，「大夥兒看仔細了，先是這樣，一般的繞圈，有外有內的，再來……」董師一邊說，一邊做了一個擰身反翻的動作，原本順的圈子，便回繞成逆圈了，「這個動作，叫做『單換』，好好記下了。」董師如此教著。

一眾徒弟好久沒有看董師教新動作，紛紛繞了起來，模仿學習，董師從宮寶田手中拿過那無外無內的圈子，又在外圈用力一壓，原本只有一個圈的，被董師內勁一擠，變成了兩個圈子，董師讓徒弟們看清楚了之後，將藤板筋圈一扔，又轉起圈來，這次他做的是一個穿身磨研的動作，讓徒弟們看清楚了，董師道：「這個便是剛剛的兩個圈子，名喚『雙換』。」

董海川示範完單換，與雙換之後，長嘆了一口氣，道：「老夫自個兒知道，教你們教得太快，你們連一個圈子都沒繞起來，更何談單換與雙換呢?可老夫時日不多了，沒法子，只能硬填鴨嘴吧！」

董海川說完，便揮揮手讓徒弟們散了，自個兒走回臥房，看著窗外的月光撒入房中，那月光經窗格映出的幻影，竟有點像觀音菩薩像。

石鎖等於壺鈴嗎？

傳統武術最常被外行人誤解的一件事就是：「傳武中沒有重量訓練」，這件事就像金庸小說中的俠客島傳說一樣，流傳江湖已久，人云亦云，可是事實完全不是那樣子的，傳武當中，各門各派都有相當多的重量訓練項目，只是現今的「假傳武」比較少練，或者根本不練，事實上，真正「傳統」的武術中，都有或多或少的重量訓練，而且依據門派，種類不同，花樣也相當多。

傳武專屬的重量訓練，隨手舉來，各門各派相通的，就有石鎖、石擔、擰棒、抓罈、沙袋、瓦片、鐵砂衣等等，依照門派，可能還有許多專項的特殊力量訓練，不一而足，這些東西，已有很多傳武界的先輩高手們寫出來，老衲在這就不一一詳列。

破解第一個迷思之後，緊接而來的是第二個迷思，「傳武的重量訓練等於現代重量訓練」，因此我上健身房練練健力三項，也就可以充當是傳武的重量訓練了。

這句迷思說錯其實也沒錯，可是說對呢，好像也不完全對。

先說一點原則，老衲完全不反對現今健力三項、或舉重等等的重量訓練方式練習法，原則上，這樣的訓練方式除了訓練肌肉爆發力耐力之外，對體質也會有相當大的改善，「假」傳武界有一小撮人喜歡散播謠言，動輒說舉重容易傷身，到老傷病，或者有種種肌肉僵死之類的副作用，這些完全是謠言，事實上，舉重或健力訓練，是對身體素質非常好的一項訓練，當然，前提是要找到好的教練，所謂好教練才能帶你上天堂嘛！

現代的舉重訓練當然是極好的，但是等不等於傳武當中，所謂的重量訓練呢？老衲認為，這其中還是有落差的，其他不說，就說石鎖與壺鈴的對比吧！

很多初入傳武的年輕高手，可能是本著對文化的堅持，所以一聽到與傳統沾上邊的，就忙不迭地大聲叫好，最常聽到的一句話就是，「壺鈴就是以前的石鎖，你看，壺鈴的訓練多好，都是偷咱們老祖宗傳下來的東西，再做改良而已」，老衲對這種類似的話不知聽過多少遍，實在忍不住想為石鎖發發聲，因為石鎖，真的不等於壺鈴。

先說造型，壺鈴與石鎖最大的差別在於兩處，第一，壺鈴是圓的，石鎖是方的，第二，壺鈴的握把做在重量之外，而石鎖的握把，做在重量之內。

這種造型造成使用上的差別是什麼呢？在於壺鈴這樣的設計，在原則上是不能脫手的，而石鎖這樣的設計，是可以做脫手動作的，也就是拋、擲等這樣的動作，只能在石鎖上做，而不能在壺鈴上使用。

各位看官，可別小看這個拋、擲的動作，這裏頭訓練的力道，可是多向性與變化性的，下邊講一點石鎖的門道，給各位聽聽，便知老衲說的是什麼了。

首先，石鎖是一個長方體，因此有長邊短邊之說，以長邊做軸旋轉，在傳統上叫「滾」，以短邊做軸旋轉，在傳統上叫「翻」，而拋擲脫手之際，如果只在人前不比人高的，也叫「翻」，而拋高超過一人高度的，就叫「飛」了。

好了，知道這些基本名詞，就可以開始玩石鎖了（傳統上叫開鎖！），順拿在面前扔翻的，叫「抖荷葉（順翻）」，橫拿在面前用滾的，叫「滾元寶」，如果順翻飛過頂，轉身一圈再接住的，叫「轉身飛」，這個技巧當然可以在兩人之間互相拋接，那便叫「雙飛」（可別想歪！）。

基本的會了，再來複合力與多向力的訓練，就要加進去，抖荷葉從褲襠下穿過，從背後繞回來接的，叫「穿襠」，用右手往右脅後甩拉回的，叫「過甩」，如果是右手從左脅下穿過甩回來的，那便叫「掛袖」，如果是右手右胯甩向左肩接回來的，那是「背縴」，若飛過頂卻是用滾法長軸橫向旋轉的，便叫「波浪鼓」，而飛過頂卻在空中橫拿翻動的，卻叫「摸雲」，這些都還是比較常見的，更複雜的力道如「仙人過橋」、「倒掀翻」等，沒玩個半年以上，還真的難以對石鎖的翻滾飛拋的力度完美掌握。

單人訓練練完了，就開始雙人甚至三人的互相接拋了，這接拋很有意思的，玩到後來，可以劈頭蓋面的砸過去，我一個抖荷葉過去，你一接一翻，一個滾元寶還我，我一看來得力大，好，一接一轉身，卸掉其力鋒，然後再一個仙人過橋還你……，如此一來，手眼身步指扣之力，全練到了，老衲最近看一個拳擊訓練的小物挺有意思，練反應的，也就是一個小球拉的一個彈力繩，綁在自己的頭圈上，然後在眼前來回打，那小球來回彈跳，拳手練眼與拳的反應搭配打上，也就這麼個東西，若是這練反應的玩意用石鎖認真練，那練出的反應與手眼身步，也不輸拳擊的反應小球練法的。

除了以上拋飛擲起的動作之外，當然也有練力的「頂法」，有肘頂、拳頂、指頂，甚至有人玩頭頂的，這種訓練是在多面向的訓練傳統武術最強調的「功體」，用多角度承重，來加強訓練功體架構的密實與嚴整，而石鎖本身的形制，也分力鎖、花鎖、大鎖、小鎖，對應不同的訓練目標與項目的，在古代，石鎖本身就是有一套完整的訓練體系，是一個單獨的門派。

老衲的心意師父雖然強調心意六合練的是心意，意勁靈勁等東西，但也不反對其他種力練法的，相當開明，他老人家自個兒也玩過摔跤，跟前清武舉的後人練過石鎖，所以他一直說「拳加跤，藝更高，拳加鎖，沒法躲」，可惜老衲為生活所苦，還得為遮風避雨的屋簷打拼，只繼承了他的心意六合，其他的功夫，如摔跤與石鎖等，老衲想應該都有各自門派的傳承者更加適合去深入研究吧！

老衲退休後的心願是，在台北的後山買一座小院子，招徒弟們來後院裏玩玩石鎖，累了就坐下來泡個凍頂烏龍，吃點阿里山愛玉什麼的，多雅，山中隱士與神鬼戰士不同，這才是古典武者的生活方式才對。

以上只是非常粗略介紹一下石鎖與壺鈴等訓練法的不同，形制的不同還在其次，最主要是練出來的活整之力是完全不同的，稍稍「武普」一下，走過路過看過的朋友，以後別再說「石鎖就是壺鈴」了，好不好？

說說八卦的八卦（二十一）

那日董海川傳完一眾徒弟「單換」與「雙換」之後，身子便一天一天的差下去，教授徒弟時，話也越來越少，不過尹福為首等一眾徒弟，自從董師開示轉圈與單雙換之間的關係後，有很長足的進步。

董師門徒們更進一步，將單換雙換的訓練法則，推而廣之，研究出定身停身，擰身搖身，翻身反身，回身轉身八種身法，除此之外，還制定了幾種轉圈之勢，有穿插，順行，獻寶，分勁，背搬，鈎勾，滾攢，掙裹等，其他還有八個磨樁法，八式七星竿，但，為什麼他們研究出來的東西，都恰好是八個式子名稱呢？

因為某日，他們終於把董師所傳的武藝定下了姓名。

眾人以為，董師的武藝，可以說是來自那個「圈子」，還有那支「乾坤藤板筋」，既有一個圈，又是有陰有陽，那該叫什麼呢？最後還是宮寶田機靈，靈光一閃道：「太極就是有陰有陽，又有一個圈子的，可惜這名已被楊無敵拿走了，不過我小時候在私塾上課，偷翻老師櫃子裡的一本書，裡頭畫一個文王先天八卦圖，也是一個圈子，而且有陰有陽，不如，我們便叫董師的武學為『八卦』，師伯師叔，師兄弟們覺得如何？」

宮寶田此言一出，眾人紛紛叫好，於是便將董海川的一門，定為八卦門，董師的武學，定為八卦掌，蓋因轉圈時用掌不用拳，較易體會轉圈之勢也。

這些討論，全佳山完全沒參與，他只是日復一日地轉圈，然後從那個圈子裡，再迫出單換，雙換，這兩個不同的圈子，而在一日閒暇，他找來他那愛畫畫的弟弟，全佳亭，讓董師坐在那張他最喜愛的花梨木椅上，讓他弟弟給董師留張像，全佳亭一筆揮就，董海川拿起那張畫來一看，笑道，這根本不像老夫啊。

全佳亭不好意思地一笑，老師，我只是喜歡畫，但沒好好拜過老師學，真不太會畫，老師莫怪，董海川哈哈大笑，囑咐他道，以後找個正經老師拜師學藝去，喜愛什麼東西，就要深入去挖，深入去掘，不要止於喜愛，不要止於走馬看花，人生苦短，白駒過隙。

說完，董師還站起身來教了全佳亭走兩步圈子，讓他健身養氣，後來這個全佳亭真找了一位畫師楊老學畫，楊老是漢人，給全佳亭取了一個漢族名字，叫做全凱亭。

董師過世的時候，尹福等徒弟商議著給董老師立塊碑，這碑文要請誰來寫呢？尹福腦筋一轉，終於去請全佳山幫忙，請奕且樂公子來寫，以奕公子的身分來寫，肯定可以給董老師增光，全佳山去宮裡與奕且樂一商量，奕公子大方答應，不過為了尊重董老師生前遺願，好好練功，莫論來由身世等，所以奕且樂故意將董師的生平寫得模模糊糊，前後不一，奕公子寫好稿後，由全佳山謄寫一遍，只是署名的地方，考慮到奕公子的身分殊勝，由化名替代，奕公子祖籍鐵嶺，奕家既榮且貴，故名「鐵嶺榮貴」撰，而書寫者全佳山，因「全佳」氏在滿姓中意思為「清如水」之意，而全佳氏祖籍瀋陽，故名「瀋陽清山」書。

多年以後，有人問馬貴，究竟當年跟董師學武，搞清楚「以武入道」沒？

馬貴呆了半晌，才道：「世間的武學，是越學越多；而董師的武學，是越練越少，越求越精，能貫通則能純一也。任你練法千萬，我自練一個圈；任你打法千萬，我自打一個圈。但這一個圈不是一個圈，可以化出千百萬圈；練到最後，連這個圈也沒了，回歸本能，回歸自然，回歸先天。我想，這便是以武入道了吧？」

什麼叫做「內家拳」？

以老衲很低俗的理解，內家就是內的意思，相對於外（外家拳），是比較靠裏面的意思。所以什麼叫做內家呢？就是練拳不要練外面看到的東西，要練裏頭看不到的東西，如果你打拳練拳，有一些外面看不出來的絕活，那恭喜你，已經進入了水鏡八奇，喔不，進入了內家拳的領域了。

這個內家拳的定義，可以用到各行各業，甚至是生活瑣事中，好比說有些圈子很流行「潛規則」，其實我們也可以說那是「內家」規則，因為它是相對於「表規則」而應運產生的。

又或者說，很多人講話，語帶「潛台詞」，罵這罵那，看誰都看不順眼，教這教那，誰都應該聽他教訓兩句，如果您只在外家拳的境界，是看不懂這種憒青憒中憒老的，但對於老衲這種，已經練了一輩子「內家拳」的拳棍，一看就明，一明就精。

這種人的潛台詞就一句：「全世界就老子和老子的師父牛逼，你們其他這些人，根本不配談拳，不配談功，不配談武術。」

行行行，老衲聽懂，您老走好，練功時別摔倒了啊！

內家拳，到底應該如何傳授？

老衲之前寫八卦門祖師，董海川先生的故事時，福至心靈寫下，當年董師教武，只有九個字：「說原理，調勁道，帶打法」，今日想想，這九個字，還真是真傳一張紙的九個字。

要練功夫，其實最重原理，也就是該拳種的核心概念，在古代，這個叫做是「心法」，如果心法不通，身上再怎麼練，都不可能對，好比「硬打硬進」，不對的，老師的作用便是在適當時候，一句話「鬥智不鬥力」，把學生點通了，功德無量，但這「適當時候」有講究，拳法的原理都是活的，不是照本宣科硬背，半桶水不可以鸚鵡學舌，隨便的小沙彌，也不可以學俱胝和尚豎起一指禪。

老衲以前有個學生，來老衲這，也不太練習，就陪著老衲談天說地，半年過去，心意六合沒學幾把，功夫卻已自覺大進，演示給老衲看，看得老衲大吃一驚，連問他功夫怎麼練出來的？那學生笑道，雖然每次來只是陪衲師聊天，但衲師講的很多觀念，聞所未聞，自個回去想想，再重新練練，也就忽然明白了，當然，這人原本就有深厚基礎，不是初學者可以模仿的。

說完原理，其次就是要「調勁道」，拳擊有拳擊的勁道，摔跤有摔跤的勁道，每個拳種，其實使力的方式都有些微落差，而這一步，在「所謂的」內家拳中，更是重要，師父不幫你在身上調勁道，你一輩子在外形摸索，很多人用少林拳的勁練了一輩子的太極拳、八卦拳，就是這個道理。

調勁道，在過去被視為內家秘傳，老衲的師父曾反覆交代，教拳可以，但千萬不可以幫人調勁道，連這個要調勁道的觀念也不可以說，不過老衲以為，在此內家拳瀕臨絕種之際，好像說一說，也無傷大雅。

調勁道這個東西，好比聽廣播調波頻，如果師者自己不通此頻，那無論再如何掙扎，也無法將學者調到此頻道上去的，很多人不信邪，認為勁道不用調，多練就好，真是如此乎？老衲最近看拳擊少年天才Ryan Garcia的發力影片，嘆為觀止，真想問問那些爛頭練發勁的傳武大師，真的確定你這一拳打死人的發力，與這少年是在同一個頻道上？發力這玩意，真的只要多練多想（還不是多悟），再多學兩句口訣秘傳，就可以發出一拳打死人的勁道？

最後三個字叫「帶打法」，打法是帶出來的，而不是拆出來或說出來或教出來的，而打法跟該拳的勁道是息息相關的，什麼勁道用在什麼打法，作為師者，應該要把從學者一步一步「帶」出來。

如果真正理解這三個字，就會知道，很多人以為內家拳不能打是因為練多了套路，所以呢，只要把套路拆開就可以實戰了，這等觀念，其實還是在緣木求魚，刻舟求劍，當然這句話可能說得有些過份，當作老衲太過偏激，想矯枉過正吧！

說到教學，忽然想到，過去在某些傳統門派裏，很有一股奇怪的風氣，好像學生一定要打贏老師，才算出師，所以學生卯足全力跟老師試手，膝蓋打歪了眼角膜打裂了的都有，值得嗎？又不是公開拳賽爭取榮譽，有必要這麼跟老師打？

當然，有人可能認為，不真的放開手打，測試不到老師的底線，這哪學得到功夫？但老衲以為，師徒之間真的放開手打，固然是可以學到功夫，但你的天花板就在老師那裏了，打贏了甲師，再投乙師再打乙師，一個門派一個門派打過去最好，這是歪風，有一點東瀛邪道的味道。

（老衲曾看過一篇小說，某日本大文學家寫的，說一個徒弟求劍道之真，獲得師父的全部奧義傳授，並把獨生愛女也許配給他，在成婚的前一天晚上，這徒弟與師父試劍，結果，劍一出鞘，一照面便把師父砍死，然後認為自己「成了」，決絕下山，這個故事日本人驚嘆叫好，有一種櫻花與刀的淒美之感，老衲不得不承認自己不瞭解日本人的民族性，這麼變態與荒謬的故事，也能看出美感來？）

話說回來，比較健康的方式應是如何呢？應該是這樣的，老師把該拳種的特性，練法，勁道，打法，都在從學者身上帶出來，形成該拳種的獨特格鬥反射，做到這一步，便可以放開學者去活他自己了，多打多練多玩，同樣練拳擊，有高手也有低手，沒必要一定要打贏老師才算出師，以廣闊的世界與千變萬化的格鬥環境來看，每個人的腦袋迴路與骨骼長短肌肉走向都不一樣，真的要打，每個人都會有他自己個人最適合的訓練方向，與戰鬥風格，沒有必要強求同一門拳種培訓出來的每個人，都要一模一樣，否則的話，不是人人都像那票韓國易容術出來的女明星了嗎？

說說八卦的八卦（後記）

這個董海川教武的小故事終於寫完了，老衲覺得有些悵然若失，雖然心中還有很多八卦的秘訣沒有說出來，但筆下也已經盡力施為，「再不能了」（紅樓夢中晴雯語），希望大夥兒修為高的看高的，修為低的看低的，不練武的朋友，也看個熱鬧開心，總是有所得就好。

說到八卦這門武藝，真是龍生九子，各個不同，但老衲以為總歸還是要以實搏動手能力為依歸，很多八卦拳師不一定按照老衲這個路數練的，動手能力一樣犀利，老衲也是衷心拜服，不敢妄說瞎評，但有些八卦拳師明明白白是教舞蹈與早操的，老衲以為，可以學某些太極門的朋友，著重太極在養生方面的功效，改太極「拳」為太極「操」，乾淨了事，若是八卦拳師動手能力實在不行的，也不知如何教導學生動手能力的，老衲有個小小建議，不如改八卦「拳」為八卦「操」，又或者是八卦「舞」，皆大歡喜，不來蹚打得頭破血流的武術圈的這個渾水，豈不樂哉？

說到傳統武術的這個門道，其實歷來就是有大規矩與大敬畏的，不知為何到了現代，一群小丑亂舞，一群鱉三肆虐？活像八大行業或是演藝事業，老衲自小習武，看的學的都不是這一套小丑橫行的玩意，說不得，世道如此，俺也只能戴上小丑面具，陪著大夥兒逢場作戲，在裝瘋賣傻中說出真意，這也是沒法子的法子，還要請真正得真傳的傳武老師傅們見諒。

很多朋友在問，老衲的八卦拳跟誰學的？老衲不好回答，只是忽然想到，現今傳武圈，居然有夯貨大師膽敢聲稱，自個兒的拳法，是跟從未謀面的師爺師祖學的，怎麼學的呢？看拳譜看得多了，睡夢之中，師爺師祖自來教導。

老衲聽過這個言論早逾十年，本以為這是荒謬之談，學生們肯定啼笑皆非，沒想到這夯貨大師，這十年間靠著各種媒體管道宣傳，居然還是學生不斷，儼然世外高人，一心求道者形象，老衲實在感嘆，現代的學生，真的各個都是乖乖牌的綿羊羔羊，嗷嗷待宰，怪不得人家把你荷包榨出汁來，你屁也沒學到。

如此心性，其實根本不須練武，也不能練武，練武這行，自古以來講究「一膽二力三功夫」，膽氣為上，看到老師胡扯，沒有勇氣制止，或是上前抽他兩嘴巴子，一點兒狼性也無，談何練武？老衲曾聽一傳武高手訓練親生兒子練武，兒子問道，爹爹，我喜歡刀，可不可以買一把刀防身？該傳武高手回道，遇上壞人，你若有膽將刀捅進他身子，那就可以，否則你帶著刀，只是讓壞人拿刀捅你而已！

哎，老衲其實也不是沒有同理心，有時幫這群綿羊學生想想，他們也只不過是巴望著夯貨大師腦袋身上的那一點微末拳藝而已，所以忍氣吞聲，讓夯貨大師胡亂吹去，但，但，但天下好拳藝者，好拳門者甚多，何必巴巴的呆望一門一人呢？

學武，不過就是想練點打架防身之術嘛，這有什麼，你若真有俠氣，遇到不公不義之事敢力爭到底，保護婦孺，保護國家家庭，為弱小的人敢豁出去兩肋插刀，老衲的心意六合拳免費教你，這心意六合，是在舊上海文革武鬥時期最流行的打架拳法，這拳的實用性，可不是靠媒體宣傳的啊，擂台比賽不敢說，天下第一不敢說，私下打打架，絕對算是順手好用的，把這免費教你，不算是太委屈你吧？做人，何必為了練武，把公義是非都扔掉了，捨本逐末，不是正道。

人老了，話就停不住，又想到現今傳武圈某些故弄玄虛的高人，為了招生，連廉恥二字都可以不要，瞎編一些俺老師放飛某人啦！俺老師打趴某人啦！更有甚者，說俺老師半本秘笈被某人偷走啦！老衲看了真是啼笑皆非，說到拳法秘笈，給老衲十天半個月潛心在家寫作，內家三拳，心意六合，立馬可以編六百頁足本的絕世版本賣給你，現代都火箭上太空了，居然有學生還會相信功夫是靠秘笈練得出來的乎？

其實這也是傳武圈歷來的陋習，相傳南宋末年，就有桃花島武功一門，不肖之徒陳玄風，梅超風二人，偷了他們師父的半本秘笈，一時間武功大進，橫行江湖，這個故事頗長，老衲就不展開了，有興趣的人，自個兒去看金庸老先生的記載吧！

（金庸老先生的著作，若沒看過，等於此生白活。）

以上所說，都是指一現象所述，非單指某人，老衲這人俗氣，私下最喜歡聽八卦，有任何八卦來跟老衲講，老衲都是洗耳恭聽的，但公開場合，老衲絕不說三道四胡扯八卦，任何與拳藝無關的事，都與練武無關，聽那麼多八卦幹啥呢？

說說這些八卦的八卦，就是老衲看準了人性喜聽八卦的天性，就你的鍋下你的麵，夯貨大師，玄虛高人，喜歡用八卦野史吸引學生，好，老衲也來寫寫八卦，包準比你們扯的更加動聽，為什麼呢？因為老衲的八卦中有八卦，有真功，有實技，還有一些做人做事的基本道理，就看你能不能聽懂聽進去了。

蘇東坡有個故事，叫「一屁打過江」，去看看吧，你看什麼像什麼，都是因為你心中自個兒的倒影，好比老衲看舉世滔滔的女人，皆為美人，那都是因為老衲心中有美，所以看每個女人都是美女，以此類推，你看老衲的文章像什麼說什麼，為什麼會有這般感想？你應該白個兒知道為什麼了吧！

傳統武術，一定要一代不如一代乎？

先說老衲發生的一件糗事。

昨日老衲教拳，心血來潮，與學生們說，今天來練練「狸貓上樹」吧！這貍貓上樹是啥呢？其實很簡單，最基本的一種練法，就是兩人面對面站著，然後用胸撞胸，用腹撞腹，或者用胸腹整面互相猛力對撞，外行人可以理解成，這點像拳擊中拿藥球砸肚子的訓練，以免解釋之累。

結果呢，老衲一個學生，才跟老衲練了三年半載，跟俺一對撞，老衲立時五內翻騰，差點把早餐也給吐出來了，連忙驚問，你這哪來的硬功夫啊！

學生一笑，道：老師你兩年前就教過我這法兒，我一直在練！老衲恍然大悟，要知道老衲教拳一向是愛教不教，天性疏懶，想到啥講啥，教過什麼沒教過什麼，根本自個兒完全不記得，結果才發生如此糗事，與學生一對撞這狸貓上樹功夫，被學生撞的魂飛魄散。

不過事後，老衲還是重新看一下當年教學生的法門，並指點修正了一些細微處，要知道，這狸貓上樹的功夫是有技術含量的，並非外行人所想就這麼直接硬扛硬的撞出來的，當然那樣硬撞，也能練出抗擊打的功夫，但容易受傷，古傳武藝都是練養並重的，功到病成是大忌，能不能打架不說，至少得先把人身體練養好，這是古傳武藝的一項特點。

這讓老衲想到今日的題目，〈傳武一定要一代不如一代乎？〉，就拿老衲的這件糗事來說好了，老衲生性疏懶，一向不喜歡練狸貓上樹，俺這學生愛練，練得多了，跟老衲一撞，撞贏老衲了，這不是很正常的事嘛？武學不過人體工學，很科學的，如果他撞不贏，那代表老衲教的法門有誤，是腥活兒，是騙人的，如若老衲教的法門正確，他練得多，俺練得少，兩人一撞，高下立判，怎麼會有什麼一代不如一代的奇怪現象呢？

老衲教學生，一向講求實效，常常說：「你別管俺功夫多高多低，俺的功夫只有俺師父有資格批判，你們其他人管得著？練武的人管好你的嘴！你要來這練，只要管好你自個兒有沒有進步就好，你有進步，那你就繼續來練，你沒有進步，那你就不要來俺這兒練了，至於怎麼樣才算進步，這也是你自己的功課，你愛用什麼法子去檢測是你自個兒的事，也與俺無關，練武就這麼簡單，除此之外，都是假的。」

一個好的傳武師傅，應該相當於一個好教練，教練員唯一的KPI（Key Performance Indicators，關鍵績效指標），應該是選手的能力的提升，除此之外，都是白工，當然，教練不能設限選手的能力提升的檢測方式，這應該是選手自個兒的課題，他想要獲取什麼樣的人生，什麼樣的武學修養，或者什麼樣的格鬥能力，那是他自個兒的選擇，教練也是沒資格說話的。

老衲最近反省，自個兒不是武術圈的一份子，不應該信口雌黃胡亂批評武術圈的騙子大師們，只能拿自身的範例糗事出來講講，絕無影射之意，大夥兒別給俺落井下石了啊！

最後提一下，有好些朋友熱心，說要來拜訪老衲，要跟老衲學，老衲想了想，在這兒統一回覆：

第一，老衲孤僻慣了，向來不見外人，開這版只是為了傳遞正確武學觀念，科學的，與正常三觀的，而非想要廣告某某拳多好，或是廣告某某拳師多厲害，所以老衲版規有寫，任何人有貼廣告嫌疑的，老衲一律隱藏刪除，別家的技術亦然，你一貼技術，有人好奇去學習，那不是老衲的版間接打廣告了嗎？這種廣告文都沒付老衲廣告費用，老衲是絕對禁止的。

第二，既然老衲不許旁人廣告，又豈能幫自個兒廣告呢？這不是只許州官放火，不許百姓點燈嗎？沒風骨的事，老衲是萬萬不做的，再加上老衲並非武術圈人，不想搶任何一拳館的學生，因此老衲並不想靠此版廣招學生，還望眾位熱心者見諒。

第三講講老衲教拳的規矩，老衲教拳，只是寂寞孤獨，圖個熱鬧，沒別的意思，規矩只有三條，一老衲不搞拜師，但遵循古法，還是要有引進師的（按：結果老衲此話一出，許多人跑去加俺的徒弟高永齡臉書，請高幫忙介紹來老衲這學拳，哈哈，新時代新做法，也是一妙），也就是認識的人擔保，否則老衲也不知你人品個性是圓是扁，如何相信你，還把俺師父的古傳拳藝交付給你？

二是老衲學費奇高，而且憑老衲心情開價，絕無定價，而且老衲教拳極懶，常常學生來三五個月就蹲在旁邊踩鷄步，老衲正眼也不瞧，但你還是得學費照繳，遇國定假日或請假等等，遇缺不補，學費進了老衲口袋，是退不出來的，而且無一定教程，前頭說了，老衲教拳憑心意，想到什麼教什麼，沒想到，啥也不教就陪老衲聊聊天，也是常見的事。

（忍不住再插句話：老衲收費貴，但老衲一向也鼓勵所有傳武或搏擊的拳師提高收費啊！俺就是看不過眼教小提琴的收費奇高，難道練武含金量比小提琴差？人家教小提琴就是高大上，教練武，不管傳武現武，就應該是地攤貨，用超低收費跪著求人來學？俺不服氣，偏要對著幹，大不了不教得了，無求最大，無欲則剛。不過以上言論，只代表老衲個人立場啊，俺知道開拳館有開拳館的難處，大夥兒都辛苦了。）

第三是出了此門，別說你是跟老衲學的，你愛怎麼活出你自個兒，是你家的事，老衲從沒想過要振興文化復興傳統之類的大事，希望學生來練，都是為了專心研究與訓練，不是來搞幫派師承關係的，你功夫高不高，與老衲或與心意六合拳都無關，只與你自個兒有關，其他的話都是多講的，你自己多體悟多訓練，才是真的。

除了別說跟老衲學的之外，也別說跟老衲學了些什麼，老衲最恨半瓶水，得了點訣竅，應該是得了真訣好用功，不是得了真訣好吹牛，功夫練到身上，收發自如，別人一看你就叫好，說你身手不凡，這才是真的，嘴上說得天花亂墜，這個訣竅那個訣竅的，通通叫「說書」，身上表現出來那種殺機，那種神鬼莫測，那種見神殺神見佛殺佛的快重硬質感，才是真正的實用功夫啊！

雙生子（一）

很多人說武俠小說裏頭喜歡寫雙生子，金庸寫了狗雜種與石中玉，古龍寫了小魚兒與花無缺；其實真正的武行裏頭的確是有許多雙生子的故事，今日便聽老衲來講一個吧！

這個故事若是按照北京大家劉震雲老師的筆法，那麼該從毛澤東毛主席談起；若是不從毛主席談起，最起碼也得從四人幫談起。可惜老衲不是劉震雲，學不來他那絲絲入扣的草蛇灰線，所以只能老老實實地從四人幫的王洪文談起。

說到這王洪文呢，一生的是非功過都明明白白地寫在維基百科上了；最起碼也寫在了中華人民共和國最高人民法院特別法庭的判決卷宗上。他風光過，也落魄過；最後給他一生效忠不二的黨判了個無期，然後在秦城監獄得了肝病而亡，一生不過只有五十多歲，連一甲子都沒過完。

王洪文的事蹟很多人比老衲熟得多得多，便不再贅述；不過很少人知道的是，王洪文的青春裏最火熱最激情的一段日子是他在上海的那段時間。他在上海的那段時間裏，王洪文結識了他的夫人崔姊，崔姊的年紀比王洪文大兩歲，當時與王同是在一家棉織廠裏做工人，兩個人很談得來。

從交談中王洪文發現，崔姊是個很單純的人，與他平常交往的朋友都不一樣。而崔姊也發現，王洪文是個很外向很健談的人，喜歡讀書，書法寫得很好，也熱愛戶外運動。王洪文那時最拿手的便是在放假的時候帶崔姊去山裏打獵，王的槍法很準，崔姊的廚藝很道地；兩人常常聯手，王洪文打下鳥兒讓崔姊帶回去煮湯喝，這湯喝著喝著，兩個人便喝出了感情。那時候王洪文在黨裏還不算什麼重要人物，想結婚，寫張報告交上去便成，於是他便與崔姊結了婚。

王洪文與崔姊結婚的時候，並沒有邀請很多人；除了王家的親戚之外，只有崔姊的養父養母還有她的兩個乾哥哥。原來崔姊的親生父母早就不知道去哪了，而崔姊的養父養母生不出孩子，先跟人領養了一對雙生男孩，後來又嫌男孩兒們吵，再領養了崔姊。

那兩個男孩，一個叫崔大黑，另一個叫崔二紅。為什麼這樣叫？因為崔父崔母當時領養他們兩個的時候實在分不出來兩個雙生子誰是誰？長相一模一樣，體格也一模一樣；唯一可以分別的是其中一個孩子的屁股上長著一顆大黑痣，而另一個孩子的屁股上長著兩塊紅斑胎記；那崔父崔母腦袋一拍，嘿，便讓大黑痣的叫崔大黑，紅斑胎記的叫崔二紅，這樣好記又好唸，也好分別。

這崔大黑與崔二紅兄弟倆從小好動；當年上海精武會剛剛開張的時候，兄弟倆跟養父母討了一點錢，便想上門學藝。他們跟誰學呢？那時上海精武會最出名的是三位老師，分別是螳螂拳的羅光玉，鷹爪拳的陳子正，而最後一個是在精武會傳授北少林拳的趙連和。崔大黑與崔二紅打聽完了之後，一致認定要學便要學最好的，當然要找螳螂拳的羅光玉老師學拳。

原本這兄弟倆除了屁股上的生理特徵之外，沒人分得出來這兩個人誰是誰；可是學拳向來是一面照妖鏡，這一學拳，崔大黑與崔二紅的行為便開始出現分歧了。

崔大黑認為呢，羅光玉老師脾氣嚴，抓學生的進度抓得緊；要學羅光玉的拳，不如跟羅光玉的一個族弟羅廣學就好。那時羅廣仗著自己族兄羅光玉的大名，偷偷在普陀區的一間公園裏頭也教螳螂拳，廣告打出去，説跟他學一樣學得到羅光玉的三大看家本領，他的拳是族兄羅光玉手把手傳的，要學羅家的螳螂拳羅漢功與鐵沙掌，學費只要在精武會的羅光玉的一半。

想想這也沒辦法，精武會當時會址在虹口的四川北路上，那幾乎是全上海最繁榮的地方，離黃浦江只有幾步之遙，收的學費自然不能太便宜；而羅廣只是在普陀區的一間小公園角落裏傳授，學費低一點，也是在情理之中。

於是崔大黑便提了出來與崔二紅說：「兄弟，咱們家底不厚，去學羅廣的拳便好，羅廣與羅光玉都姓羅，傳的拳一樣的。七星螳螂的基礎套路『崩步』『插槌』『攔截』到『白猿出洞』；若在羅光玉那裏，據説沒有個三五年是學不來的；相比之下羅廣好得多，我認識他那邊的學生，半年之內就可以教到『白猿出洞』了，學費便宜，進度也划算得多。」

崔二紅聽大黑哥哥這麼説，卻搖了搖頭，説：「哥我不懂拳。可是我知道羅光玉老師出名必有他的道理，你喜歡羅廣老師的教法也由得你去，我還是去精武會尋羅光玉老師教授。」於是乎崔二紅跟了羅光玉，而崔大黑呢，則跟羅廣學拳。

從此崔氏二兄弟花開兩頭，各表一枝。

別老拿「秘傳」說事，行嗎？

傳武圈向來歪風甚多，很難一一數盡，是以老衲早早就立誓聲稱不再入圈，如今寫寫文章，也只是「詩言志」，抒發一下情感而已，並不是想與傳武圈的各位大師宗師們攀橋搭路，拉幫結派，稱兄道弟的意思。

老衲這個人做事，向來講派頭，講腔調，講風骨，最喜歡與第一流人交朋友，最難受與三四流人說三道四，偏偏這圈裏，值得認識的人，還真是不多，個個性格怪異，心胸狹隘，鼠目賊光，連正常人也不如，卻能在傳武圈裏稱得上是一號人物，一方之霸，老衲一看，哎呀，原來這圈裏的上流階層都是這副模樣，怎麼能不拔腿就跑。

這些人言行的奇形怪狀，足夠寫二十部《二十年目睹之怪現狀》，也不為過，其中最讓人感到噁心的一種行為，是特愛拿「秘傳」說事。

什麼是「秘傳」呢？大概就是一部如《九陰真經》《九陽神功》又或者是《乾坤大挪移》之類的武功秘笈吧？凡人得之，練上三五年，立時可以打遍天下無敵手，號令武林，莫敢不從！

現實中有沒有這樣的秘傳呢?老衲以為,或許有,或許沒有。

還是拿拳學來參照舉例吧,就說這最普遍的拳訣,「沉肩墜肘」、「鬆腰落胯」好了,每個拳師都有自己獨到的解釋,老衲聽過無數拳師講這個,每個人一開口就是說,『外面的解釋是錯的,我告訴你,這沉肩應該是如此如此……』,哇操,都是「秘傳」啊!外邊人人都不知道的東西,你就都知道了。

除了最普通的生理要求之外,還有一種「秘傳」,就是更廣而推之了,就是:「我這東方不敗拳,多厲害多厲害,是拳種裏頭最高級的一種,其他的拳,根本不能看!」,又或是「我這獨孤求敗劍,老師當年只傳我一個人,哎,好東西外邊見不到了啊,我拔劍四顧……心茫然啊……」,林林總總,不說也明,言下之意,還不是就想自吹自個兒那點微末伎倆。

老衲是現代人,一向信服科學與力學,就說這「沉肩墜肘」好了,您別說什麼秘傳,您把力學原理講清楚給學生知道不就得了?讓學生自個兒去比較,這樣「沉肩」,與那樣「沉肩」,力學作用在身體上,差別在哪?學生的身體也是身體,一種拐的一種順的,難道感覺不出來?要你在旁邊瞎說,指手畫腳,一定要按照您的「秘傳」練去?除此之外,腰該怎麼放,胯該怎麼擺,膝又該如何如何,不用辯論,您讓學生自個兒去體會人體工學與古譜拳訣之間的對應,不必天天像個眾人皆醉我獨醒的憤青,只有您的胯才是胯,別人的胯都擺的不對,這裏頭其實應該有一個很簡單的統一標準才對,其實,說白了不就是人體工學那點事兒而已？

至於拳法拳派，老衲一向以為，天下沒有無敵的拳法，厲害的永遠是人，不是拳，各種拳法只是用不同的思維角度去認識「格鬥」這件事，再依此「思維」，下手設計拳法訓練，再演化出全盤體系化的訓練模式，當然某些人學了某些拳後，可能會突然格鬥能力大增，但最根子上的原因，並不是這個拳法多好多好，而是這個拳法一下帶給你突破了原本對於格鬥的認知與觀念，所以你的想像力一下上去了，修為境界高了，那是拳法輔助了人，而不是人靠著拳法上位，是「人練拳」，拳只是一種手段工具，而不是「拳練人」，讓人當拳法的奴隸，借拳法上位，無敵天下。

什麼拳什麼拳的又是什麼秘傳什麼秘傳的，你把它當寶，不好意思，老衲通通把它當草，你要尊重它，得學著從上往下看，如果由下往上看，是永遠看不清楚的。

話從頭來說，秘傳可以有，但不過只是人的「分別心」讓它有而已，有什麼值得說事的？拳法之秘，如同扎西拉姆的那首詩，「你懂，或者不懂我，我就在那裏，不來不去，不增不減，不生不滅。」秘傳啥的，懂的人就懂了，都只是最平實的道理而已，只有半瓶水或門外漢，才把它當成個事兒說嘴。

哎！從拳法也可以扯到扎西拉姆，老衲真有些佩服起自個兒的講拳境界了，忽然想到，很多人私訊問老衲形意拳的三體式怎麼站？老衲在這兒統一回覆：

第一，心意六合拳沒有站三體式一說，這牽扯到整個拳法體系的訓練邏輯，就不展開講了，第二，有任何專業拳學問題，請去請教該門專業拳師，知識有價，你不付人家學費就想學功，於理不合，第三，老衲可以說的是，合人體工學的就對，不合的就不對，第四，任何拳法都該是一個體系，沒有萬能藥panacea，妄想只學一個三體式就能打通整個形意拳，老衲以為是無稽之談，否則的話，那些五行拳十二形連環拳對練等等訓練，就都可以省去不練了，本身邏輯無法自洽，總歸一句，學拳沒有訣竅，平實修行，不好高騖遠，就已經是最快的捷徑了。

雙生子（二）

先說崔二紅這頭吧！這崔二紅自從跟了羅光玉，天天練功不綴，螳螂拳的基本套路之外，光玉老師特別注重樁步功底的練習；從馬步弓箭步，到玉環步入環步，還有疊步扣步拖塌步拔竄步，光玉老師都有特別的要求。除此之外光玉老師也對腿法練習抓得緊；崔二紅天天到練武場一站，先起腿踢穿心腿五百下、掃堂腿五百下，最後再來鴛鴦腿裙中腿各自五百下，這才算是熱身完成。而後從定步踢到動步踢，從踢定靶再來到踢活靶，到最後功成的時候，光玉老師隨手將吃剩一半的果子向崔二紅拋出，二紅看也不看，腿似一條鞭般閃出，只聽啪地一聲，果子在空中被擊成數瓣，果肉碎裂果汁紛飛，光玉老師叫一聲好，說二紅你不錯，腿法可以。

當然以上這些招數，在羅光玉眼中都還不算是武功，甚至就連基本功也稱不上；羅光玉在教崔二紅的時候，最注重的便是手法練習。螳螂古傳有九十三手密傳手法，是當年王朗祖師走遍天下，湊齊十八家武藝融會貫通而成。羅光玉在教崔二紅的時候，除了帶他精武會裏的指定教材套路練習之外，就是帶他晚上一手一手地按照這九十三手密傳手法教他私功夫；每一手手法非打不教。從陽手（攻擊手）的轆轤捶、翻車把、震山拳、反背加圈掌等教起，到陰手（防禦手）的刁捆手、捕蟬手、滾龍手[1]與拍按截帶四小手。羅光玉告訴二紅，這螳螂拳自從王朗祖師創拳之後，各個先輩都是打出來的名聲，螳螂拳擅打善鬥，是北方拳派第一大拳，光這幾個基本的陰手陽手變化，要打北方其他呆滯不靈的拳法傳人，那就已經是綽綽有餘的了。

在那古傳的螳螂九十三手手法的前三分之一部，是螳螂拳最基本的攻擊防禦組合陽手與陰手；中間三分之一部分，則是各式的摔法與拿法，有順提反摔，有側提倒摔，有雙捆有單管，也有捆管加摔的細膩技法；當年王朗合十八家拳法中的懷德摔捋硬崩架與燕青沾粘拿跌法，都在裏頭。

那古傳九十三手的最後一部分，是羅光玉這派的密傳七星步與前頭的踢打摔拿配合之技；光玉老師後來告訴崔二紅說：他這派螳螂拳最重這個七星步法。蓋因若遇身高力強之輩，一搭手上捆不動扯不動對手，只要腳底下步法微微一動，按著天上北斗七星的位置悄悄移轉，便可以舉重若輕，將比自個兒重幾十斤的對手放翻在地，只是轉瞬間事兒。

崔二紅後來回憶這段幼年的習武經歷中說道：「當年只是聽光玉老師說得神奇，說什麼對手是北極星那自個便是北斗七星，這北斗七星的柄杓只要繞著對方一轉，對手便會在地上打陀螺。嘿，當時聽來好不神奇；可是後來西洋書讀得多了，便知此事一點不奇——不過就是力臂力矩的應用嘛！扯什麼北斗七星的？」

崔二紅一面跟著羅光玉練武，一面也靠著光玉老師的人脈給他找事兒做；二紅是練武的人，

[1] 關於螳螂拳中的滾龍手一說，據八步螳螂門張君豪兄附註解釋如下：「滾龍肘和拍按（破按）應該都還算是攻擊手法、或者算先柔化再攻擊之手法。」

大字不識，可是有一個好處；他為人重義氣口風緊，當時許多上海地下黨的人物接待外省來的祕密首領們，這過程中的安全問題都找崔二紅負責。崔二紅自個入了黨，也入了青幫與紅幫，反正他想，江湖上就是比人面，多入幾個組織照應也多，辦事情也順當，何樂不為？

光玉老師當年從香港回上海任教之後，身體一直不好，教了二紅三年多便去世了，從此崔二紅沒了師父。可是他謹記著光玉老師的箴言：「非打不會。」於是他到處找人較技比武，一方面廣結江湖人脈，一方面也試驗試驗，光玉老師教他的東西到底靈光不靈光？

那時，他約遍上海著名的武館傳人私下較技，有練八極的練通臂的練形意的練意拳的練太極拳的練長拳的。一番比試下來還真如當年光玉老師所言，螳螂拳是北方拳派中的實用第一；讓崔二紅吃驚的對手有，可真還沒有遇過讓他吃癟的。

第一次讓崔二紅吃癟的居然還不是一個正經練拳的，而是在楊浦區弄堂裏的一個叫做馮阿牛的老頭。那馮阿牛從沒正經練過拳，年紀比崔二紅大個二十多歲，可是據說祖上是清代武狀元，家傳的石鎖石擔功夫天天鍛鍊不綴。

為什麼傳武上不了擂台？

很多人喜歡問，為什麼傳武上不了擂台？關於這一題，有許多前輩高人已經提出解答，而老衲也不甘於人後，講一講自個兒的答案，是對是錯，任人評說吧！

說到傳統武術這東西，包羅萬象，今日只說徒手的武功，不涉其他，而傳武中徒手的功夫，老衲以為，可分為三種類別，一是「架法」，二是「功法」，三是「拳法」，其中架法是不能上擂台的，功法可上可不上，拳法呢，略經改造，是完全可以上擂台實驗的，以下分別說說這三項東西是個什麼東西。

先說「架法」，這一類的東西，是一些散著與毒手，是專門拿來打架的單式，好比八大肘法，或九招腿法，這種散手型單招，又或上驚下取，又或探馬藏花，又或是扣喉掃脛踹下陰，此類的應用型單招，而除以上之外，還有如鳳眼拳，劍指，刁手，掌底拍等等奇形傷敵的毒手怪著。

平心而論，這些單招與毒手，拆開講解起來時，都很精彩，若用在街頭打架，也非常實用，這些「架法」，設計的核心思維是取巧與偷襲，以弱勝強，拳打不知，是古代武行中人行走江湖的伎倆，要知道當時的生活環境，沒有健身房也沒有擂台拳賽，這些武行中人需要練的就是倆毒招，走鏢時遇上賊匪，一兩下解決問題，所謂「不招不架就是一下」，沒法跟對手打上五回合六回合的，也更不可能與對手講究身高、體重、臂長等等差距，這一路「架法」的功夫，傳到現代，演變成了各種「自衛防身術」，軍警單位或一般人習之，若通過適當的演練熟悉，面對突發性的危險狀況，有一定的成效。

當然，這一路功夫，也十分強調徒手與隨手兵刃的搭配使用，如用軟布，如用小刀，如用短棍等等，怎麼順手怎麼來。

不過呢，拿這一套東西練習，是永遠無法上擂台打拳賽的，蓋因目的不同，訓練的方法也不同，「架法」的功夫，強調的是取巧與偷襲，強調的是「場景訓練」（如樓梯間，雪地上，船上山裏等等），因為「架法」面對的是一個不公平與不合理的衝突場景，對手可能比你高、比你壯、甚至比你更有打鬥的經驗，所以訓練的思路必須得往取巧與偷襲設計，與擂台拳賽，是迥異的兩種思維。

擂台拳賽上的選手，都是經過充分訓練的，一喊開始，選手們渾身神經都豎了起來，與私下隨機式的衝突狀況完全不同，在一個充分準備好的狀況下，若是拿以取巧與偷襲思維設計的「架法」，自然萬難得手，這不是「架法」本身設計的錯，而是使用的人的邏輯問題。

嚴格來說，這一套「架法」功夫，根本不適用於比武打擂，絕大多數傳武人，與現代搏擊較技失敗，都根源於拿單純的「架法」去比武，這好比讓魚去爬樹，自然落得一個啼笑皆非的下場。

當然，有些搏擊選手，在精通搏擊之後，又與傳武師傅學一點「架法」，偶爾應用在比賽之中，頗有畫龍點睛之效，但萬萬不可認為「架法」就可以上擂台了，這是倒果為因的謬論。

傳武的第二種東西，叫「功法」，這種訓練就比較有意思了，目的是強化身體的各種功能，練得少，可以養生健體，練得多，可以上場殺敵，此一類功夫中，最著名的好比有整體筋膜類的訓練「易筋經」，或局部功能類的「鐵砂掌」，又或者是各種發力練勁的訓練，好比「站樁蹲樁」，好比「發勁貫力」等等，都屬此類訓練，這種東西，可以當作如重訓一般，雖然不是說練好了就可以上擂比武，但若想上擂比武有好成績，非得訓練這些「功法」不可。

舉個例子，老衲一個學生易筋經的功夫頗深，雖然乾乾瘦瘦，可全身上下有一股奇怪的勁，用大小擒拿等都很難真正卡死他的關節，據他自個說，曾給朋友用十字固抓穩右手試驗，一般人會喊痛拍掌的位置，他卻一點感覺也沒。

再舉個例子，老衲另一個學生，原本就有十年傳統拳法的功夫，發力練得很好，只是失之過剛，來老衲這第一天，老衲就幫他調勁道，一調之下，他大為驚奇，說原本以為發力要很用力、出力才能達到的效果，怎麼現在可以輕鬆發出？他與老衲推手，雙臂一封一按，就把老衲震出騰騰騰四五步，老衲一笑，拉開距離，不與他搭手，然後說道：

「好，你現在身上已經有整體勁了，要不要用整體勁跟老衲試試怎麼打？」

就這一句話，把學生問得呆了，他一笑，從此乖乖跟老衲學踩鷄步。

舉這兩個例子，老衲是想說明，傳統拳法中的「功法」雖好，但若只是單獨訓練此，仍是無法比武打擂的，但是，這些功法訓練都是古人研究出來的寶，若是擂台選手研究一下這些，對比賽確實會很有幫助。

當然，也有一些上古「功法」，是現代頂級選手已經在研究與訓練的，好比老衲小時候練過的「坐冰」，坐冰是什麼呢？即是拿一個大木桶，裏頭倒滿碎冰，再加鹽水，然後整個人進入冰桶打坐，只露出下巴以上，以一刻鐘為基準坐滿。

（這功法很妙，不過若無有經驗的師長在旁協助，千萬不要胡亂嘗試。）

這坐冰功，在老衲小時候練時，完全不知曉這是幹啥用的，只覺得這堪稱是人體酷刑，一出冰桶，皮膚接觸到外頭空氣時，直有灼燒之感，非常有「冷酷異境」的魔幻寫實感，但究竟是做什麼用的呢？這謎一直到老衲最近看了UFC頂級選手，開始紛紛採用氮氣冷療訓練，才恍然大悟，原來這坐冰功也是有科學原理的，忍不住拍掌大笑，笑自個年幼的淺薄無知。

除了「架法」與「功法」之外，最後一路功夫，叫做「拳法」，什麼是拳法呢？不是門派名稱中有個「拳」字就叫做拳法，老衲以為，真正的拳法，是要有一套自個獨特的格鬥理論，與格鬥「節奏」的。

「節奏」？是的，真正的拳法必須得有自身的特殊格鬥節奏，好比拳擊有拳擊的節奏，泰拳有泰拳的節奏，柔道有柔道的節奏，柔術也有柔術的節奏。

沒有一特殊發揮自身格鬥理論的「節奏」，那就不能被稱之為一個拳法，老衲這輩子練武，最喜歡研究一個問題，為何很多傳武習練者，打起來都像拳擊散打呢？最近得出的結論是，他們沒有「拳法」，只有一些「架法」與「功法」的訓練，所以這打鬥中的「節奏」，只能從拳擊散打一類的搏擊項目中取經了。

當然，很多人不願意從拳擊散打找這格鬥中的節奏，所以希望從傳武本身當中尋找，而傳武當中最無爭論，最有自身獨特的格鬥節奏的，當屬中國跤，螳螂拳，與詠春拳。

傳武當中的中國跤發展十分完備，自成一套體系，而且各支有各支的節奏，這是得到世界武壇認可的，傲視群倫，殆無疑義，連最愛約架傳武的徐曉冬都不敢嘖中國跤一字半句，這真是傳武當中的瑰寶，老衲的師父當年也曾認真練過摔跤，常常與老衲說起中國跤法的厲害，不過老衲一點不通此道，只是見過皮毛而已。

詠春與螳螂，老衲已介紹過很多，就不再贅述，只是想表達一個「節奏」的概念，而詠春與螳螂恰好流傳甚廣，而節奏又明顯與拳擊散打泰拳等不同，所以拿這講給大夥聽，比較容易為人理解，不是老衲認為其他的拳法就沒有節奏的意思，這點一定要聲明，好比心意六合拳，它的格鬥節奏十分古怪，可是大多數人沒見過，所以不提也罷。

另外一點要聲明的是，拳法應該有一個像菜系的東西，好比中國菜五花八門，可數來數去不過八大菜系，拳法應該也有拳系的概念，很多拳法雖然不叫詠春或螳螂，但很明顯是詠春概念的，或螳螂概念的，所以舉詠春與螳螂做例子，是化繁為簡的提綱，不是單提此兩門的意思。

（拳系與菜系的比喻，是上回某個朋友留言提到的，深以為然，非常感謝。）

有了「節奏」的拳法，是不是就可以上擂台呢？老衲以為是可以的，只是需要克服一些技術上的問題，例如規則相應的問題，或者訓練量，戰術應用等等問題，至少比拿「架法」、「功法」去上擂台比武要接近得多，也適合得多。

順帶一提，這個「節奏」的說法在過去也有的，過去的拳師會說，那人出手就是螳螂拳的「味道」，這人出手就是詠春拳的「功底」，至於他？哎！他雖然是某正宗傳統拳派掌門，但一出手，完全是拳擊散打唄，完全看不出有什麼傳統功夫的感覺，這樣的評說裏頭，講的就是「節奏」，而不是具體的招式。

傳武中的拳法門派，很多只有「架法」，或只有「架法」與「功法」的，有純粹的「拳法」的流派少之又少，若習練者只學到架法與功法，那麼往自衛防身術去琢磨，才是正確的方向，若往擂台比武奔去，那肯定被揍得滿頭包，認清自個所站的方向，以誠實的態度面對，才能真正有所寸進。

老衲最近細讀某名門正派的拳法教材，門，是名門無疑，但實際的教程完全只是「架法」與「功法」，沒有自成一套理論的「拳法」體系，這樣子的東西，適合自衛防身，但若學者要朝跟現代搏擊較量的目標前進，那是請鬼拿藥單，穩死。

另外一說，老衲原本最喜歡罵很多傳武人出手不像傳武，反倒像拳擊，何不如直接去練拳擊呢？看完此書之後，深自反省，人家其實也是苦無出路，要擂台式的比武，需要一個恆定性的格鬥節奏的，這個節奏，需要先學一套「拳法」來模擬「節奏」，若無此拳法節奏，則訓練實戰根本無從下手，而本門古傳的正宗教材，只有「架法」與「功法」，那要如何練實戰呢？非不為也，是不能也。

所以先學一個有「節奏」，體系完整的「拳法」，再把原來古傳的「架法」與「功法」加進去發揮，變成了這些沒有完整體系拳法的古門派，進入現代搏擊世界的唯一選擇，老衲現在想想，這恐怕也是極為正確的一種進化與轉變吧！

當然，學會一個基本的格鬥節奏之後，多打多練多玩，找出一個屬於自己的獨特節奏，這是高階段的拳手的事了，這一點，「各位看官們程度都很高，就不用老衲囉唆了吧」，哈哈哈！

雙生子（三）

崔二紅第一次見到馮阿牛的時候，便嚇了一大跳；他從沒見過那麼魁梧壯碩的老傢伙。馮阿牛樂呵呵地對崔二紅招招手，說：「吾聽寧（人）講，每座城市都有一個約架王，上個時代阿拉（我們）上海的約架王是回族的盧嵩高老師；今朝儂是勿是想當這個時代上海的約架王？」

這一句話將崔二紅問得急忙搖搖手，說道：「我絕非想當什麼上海的約架王，我只是喜歡交流切搓而已；馮大哥萬勿亂想，小弟擔當不起。」

馮阿牛依舊是樂呵呵地一伸手，道：「講拳吾是不靈的，不過吾小句讀額辰光（小鬼頭的時候）曾跟盧老師與孫老師都討教過兩手，還有吾姥爺留下來的石鎖石擔功夫，與儂動動手玩玩，想來是可以的。」

崔二紅本來就是愛打善打的性格，見馮阿牛大哥說話都說到這份上了，那有不動手的道理？更不打話，提手上前便打。

豈知道那是二紅第一次與外人交手挫敗。崔二紅的手法腿法雖然練得快捷無倫，可是馮阿牛以拙破巧，他身腿頭顱頸子練得壯，不怕踢打，覷準機會便來個「神仙一把抓」。馮阿牛說這

「神仙一把抓」名字雖然好聽，可是是個苦功夫，就是兩隻手抓你一隻手或一條腿，覷準機會便抓，一抓中便跟著是一帶一摔，向外一甩；崔二紅小時候生活條件不好，本來就生得矮瘦一點；遇上馮阿牛這等蠻練神力的漢子，只能給他一抓一摔便一個跟斗了。

這次交流回去，給崔二紅打擊很大；他本以為自己學練的功夫是天下無敵的，誰知道僅僅在上海遇上一個名不見經傳的馮阿牛，只憑一招神仙一把抓便讓他吃了癟。他整整一個月都沒有心思好好工作，身邊的小弟問他：「二紅哥，你怎麼整日悶悶不樂？」崔二紅卻只是搖搖頭，苦笑得說不出話。

直到一天，記得那是一個節氣叫做是「驚蟄」的，天地間忽然雷電一閃，而崔二紅也在心中忽然打了個凸，心中暗想道：「我真是自己綁死自己了，從沒想過光玉老師身高膀圓，比常人高一個頭也不止；而我不過是中等身材，又怎麼能期待自己與他一模一樣呢？這石鎖功夫光玉老師從沒教過我，可是當年我們螳螂門的祖師爺王朗不也是外出訪友，融合十八家武藝這才功夫大成？王朗祖師可以合十八家武藝成就螳螂，我又何嘗不可合石鎖石擔功夫，成就我的螳螂拳？」

此節一經想通，崔二紅心中再無罣礙；第二天恭恭敬敬地跑到馮阿牛家裏，說要磕頭拜師跟他學石鎖石擔。這一下子換馮阿牛雙手亂搖了，說咱們兄弟相稱即可，拜師萬萬不敢當；又與他說，在過去上海灘上功夫最結棍（厲害）的便是盧嵩高與孫福海，要拜便拜他們兩位。可是盧老那是回回窩裏的人，回族武師保守異常，東西向來是傳回不傳漢；而孫福海是紅幫大老，你崔二紅也是紅幫中人，有機會一定要向孫老討教。

崔二紅當時只想與馮阿牛練石鎖石擔，所以對於他說的盧孫二老的話，唯唯諾諾不置可否。誰也沒想到他後來卻遇上了孫福海老師的親生女兒，談了戀愛還結了婚，這也是命運之奇；不過這個故事得要等到另一個篇章，才能詳細說了。

還是說回崔二紅與崔大黑的故事；自從崔二紅開始專心練武以後便搬出了老崔家，後來再見到崔大黑的時候，是當時他的妹夫王洪文在上海正得機得勢之時。當時王洪文在上海得了黨內領導密令，要在大上海好好攪弄出一番風雲，呼應當時中央的政治風向。

如果要摧毀自己的膝蓋，該怎麼蹲馬步？

很少跟大夥聊聊老衲這個人，今日來瞎聊聊吧！

說到老衲這個人呢，其實，天生下來一點也不喜歡練武，最怕打打殺殺，當年開始練武，完全是因為有個病殘老爹的緣故，老衲的老爹生有病殘，自個兒沒法好好練武，因此從老衲小的時候，老爹便將老衲扔去給那些練過武的叔叔伯伯們訓練，幾個叔叔伯伯抖盡法寶教老衲，老衲這人傻傻笨笨的，亂練一通，回家以後，老爹要俺演示一下學了些什麼回來，老衲一一演示，豈知老爹搖搖頭，說，這些東西好是好，但不是他心中的古代武功。

老衲一聽這話，氣不打一處來，罵道：「你這老頭倒好，整日悠坐家中，俺吃盡數年苦頭，就換得你一句不滿意？俺不幹了！要學武功，你自個學去。」

老爹知道老衲自小脾氣極壞，向來沒人管得住，聽俺這話也不生氣，微微一笑，皮夾一甩，掏出數疊厚厚鈔票塞入老衲手中，說道：「世事難行錢做馬，今後你自個去尋師，愛拜誰練拜誰練，我就想看看，什麼叫做古代武功？」

老衲一聽這話，雖然不舒服，可手上一捏，鈔票是實實在在的，好吧，佛面不比金面大，看在白花花的銀子上，再咬咬牙，找明師練練，於是尋訪各處，幾經波折，離奇處比楊過小子更甚，終於皇天不負苦心人，天授機緣，讓老衲得遇心意門老拳師，人品端正，拳路精湛，俺衷心拜服，拜在老師門下，數年苦練，回家演示功夫給老爹看，老爹這次一看，仰天長嘯叫道：「好啊！這才是我心目中的古代武功！」

老衲至此，吁了一口長氣，數十年心裏重擔終於放下，從此再也不練武。

如此，直到十多年前，老衲在一老拳師處展示過一點微末功夫，那老拳師的徒弟當時在場，事後念念不忘，事隔七年，終於尋到老衲處，道：「我已與老師報備，他老人家對衲師的功夫也很敬佩，同意我向衲師求學，既是如此，是不是可以請衲師開山門，教我點功夫？」

老衲功夫得來不易，當時很有些防備心，說道：「你想學啥？俺教拳向來學費奇高，你可有心理準備？」那人回道：「衲師學費任開，要教什麼都可以，我都學。」經此一句話，老衲心中感動，說，好吧，學費繳完，俺教你俺的看家本領，回族的心意六合拳。

於是又過了幾年之後，這好事的學生又鼓動老衲道，衲師你別老躲在山溝溝裏瞎吹，現今網上名家遍佈，誰都吹自個有真本領，你不願出山，寫寫東西留下來，給圈內行家們鑑定鑑定，總該可以吧？於是老衲腦袋一拍，便有了這個「老衲的心意六合拳」專頁。

寫這個專頁以來，很多話，老衲自知寫出去便得罪人，但不寫出來，有時又覺得讓後生小子們小覷了傳統武功的精妙玄奧，妄自以為那些市面上某些粗製濫造的瞎貨，便是真正的傳統武功，因此下筆時十分兩難，當然，天下能人甚多，老衲的功夫在圈內絕排不上號，但自認為筆下有一說一，沒有為了自身招生利益而瞎吹編造的事，所寫的每一句話，也俱有所本。

老衲在整個武行中沒有敵人，也沒有利益糾葛，從沒想過要攻擊誰，寫的東西，都是從拳理出發，分享善知識而已，當然再三強調，這些都只是老衲個人心得，未必正確，而且所指的都是一現象，絕非單指個人。

上週老衲的學生來練拳，與老衲聊到時下許多人流行一種蹲馬步的方法，老衲一聽大笑，說道，這種練法的來歷俺早知道的，當年老衲訪師期間，在某傳武大師家盤桓，其時談天說地，無所不聊，那大師與老衲說道，他最近發明了一種「摧毀膝蓋的蹲馬步」法，正準備要傳授給徒弟們，具體怎麼練呢？這傳武大師發明的「摧毀膝蓋的蹲馬步」法，具體操作如下：

一，先找一面牆，背貼靠著牆，雙腳與肩同寬或略寬，腳跟靠著牆，雙腳尖平行朝前。

二，垂直蹲下，蹲下過程中，整面背部與後腦不可離開牆壁。

三，蹲下到大腿、小腿，與牆壁三面成一正三角形時，即蹲到位。

老衲當時聽完，只淡淡一笑，說道如此蹲法，徒弟們會相信？那傳武大師哈哈大笑，說咱走著瞧，沒想到數十年後，還真被他說中，這種方法居然仍有流傳，所差別者，只在一堵牆沒有而已。

江湖水很深，老衲的故事說完了，至於要不要相信，看官們可以自行選擇，對了，老衲其實也從沒試驗過這種蹲法是否會摧毀膝蓋？以上的故事完全是人云亦云的胡扯，有不同意見的，可以自個兒試驗一下，每日十五分鐘，連蹲七七四十九日，看看膝蓋能否承受得住？老衲年老腿衰，恕不奉陪了。

倒是當年那傳武大師後來講的一段話，頗堪玩味，他與老衲說：「武學是實證的學問，若這些徒弟教什麼學什麼，一點實驗精神也沒，這種頭腦不靈活的徒弟不要也罷，腦子不活，出去社會上也只是受人欺凌而已，談何比武打架呢？」

雙生子（四）

王洪文得了密令之後便開始著手，先在國棉十七廠裏串聯工人發動革命，隨後正式成立「上海工人革命造反總司令部」，招收打手與革命小將，到處鬥倒鬥臭一切反動份子。這期間由這「工總司」（上海工人革命造反總司令部的簡稱）發動的武鬥無數，打傷打死的人流的血差點染紅了整片黃浦江，造成一時轟動，響應中央，很是為黨立下了幾樁汗馬功勞。

這是明的一面，可是在暗的一面裏說，崔姊看這事就可不是這樣看了。崔姊認為黨要王洪文做的事，都是以身犯險刀頭舔血的事，雖然事後許諾的榮勳大，可是在這當中萬一出那麼一點半點差錯，那麼她崔姊可要守寡了。崔姊的想法很簡單，她不認識外頭武行的人，可她記得她的兩個哥哥都是會武的，於是派人去將崔大黑與崔二紅雙雙請來，要請他們倆來保王洪文這鑣。

於是那是崔二紅過了這十幾幾十年後，第一次見到他的雙生兄弟崔大黑；二紅一聽完崔姊的意思，馬上要拉著崔大黑「見見手」，過兩招看看。崔二紅說：「這是生死大事，馬虎不得；若功夫不行，除了賠掉自己一條小命外，還恐怕搭上妹夫。」

崔二紅原本以為大黑這幾年跟著羅廣老師練武，再怎麼樣也有兩下子吧？豈知道他一沾手便打，崔大黑的鼻血就紅通通地流下來了。這一下換崔二紅不好意思，說：「兄弟，你怎麼跟著羅廣老師這幾年，就只練了一點花拳繡腿？」

崔大黑這才說出他這幾年的經歷，說他一開始跟著羅廣老師練，羅廣老師也是教拳很認真，一招一招的教，每一招的用法也說給他聽；可是後來他跑出去與精武會拳擊班的同學一打，被打得找不著北，於是轉練了拳擊。

「你練了拳擊，那照說應該還是會兩下子啊？」崔二紅不解地問道。

崔大黑苦笑說：「當時我也這麼想，天天告訴別人中國傳統功夫沒用，螳螂拳沒用，還是學拳擊最實惠；誰知道這番言論給我惹來麻煩，一幫子中山公園練中國跤的人不高興了，找上門又把我給打了一頓。這一下我矇了，原來不是中國傳統功夫不對，而是螳螂拳不對；而中國摔跤還是能打的，於是我又開始練了中國摔跤……」

崔二紅越聽越是糊塗，說道：「那這麼說來，你練摔跤也好幾年了，怎麼我一上手拉你打你，好似你完全沒有功夫一樣？」

崔大黑喟然長嘆：「兄弟，最近精武會又來了新的西洋教師，教的是現在國際上最流行的國際跤；這種摔跤是他們西洋人最古老的希臘羅馬人傳下來的摔跤，比我們原來在公園練的野路子摔跤不知好到哪裏去。那西洋跤師一來，我上門去踢館，結果反被他摔了一把。我最近正在研究這個國際跤呢！所以跟你交手的時候才會心思茫然，不注意，便給你打了一下。」

崔二紅聽完大黑如此說，沉吟了很久很久，都沒有說話。他最後跟崔姊說：「妹子，保王洪文這麼危險的工作還是讓我來；大黑兄弟不適合，你讓他去，等於讓他去死。」

崔姊點頭說好。

後來這王洪文便在崔二紅的祕密保護下，順利地完成了黨指派他在上海的任務。而在任務完成之後，王洪文準備坐火車進北京皇城，臨走的時候他對崔二紅說：「二紅哥，我在上海這幾年的工作要是沒有你，早就給人暗殺了。可是我此去北京生死未卜，念在咱們情義一場，我實在不願帶你也去北京。我勸你一句話，盡快帶著妻小遠離上海，躲到鄉下去討生活，憑你與大嫂的一身武功，開間小武館賺點錢養家糊口不是難事；我王洪文的事從此與你一刀兩斷，算是我給你的最後的禮物吧。」

沒人知道後來崔二紅到底聽了王洪文的話沒有，可是在上海，的確再也沒有人見過這個曾經在地下世界裏名噪一時的二紅哥了。

如何分辨真功夫與假功夫？

很多初學者喜歡問，怎麼判斷拳師的好壞？

老衲以為很簡單，真功夫，一定要是可以在動態中展現的東西，這個動態，可以是完全開放式的對打（街頭野架或擂台比賽），也可以是互相收力的輕度對打（如戴上拳套護脛對練），甚或者是有條件式的制約式對打，好比柔道或摔角訓練，約定了不能擊打只能摔，又或者像是詠春黐手、太極推手等搭手訓練模式，都是很好的動態展現。

老衲上回看一個宣傳傳武的節目，那主持人說到，形意門薛顛的功夫很高，高到什麼程度呢？主持人說，據他的師父的師父的師爺等等說，當年曾經親眼見到有人上門踢館，示範功力，從牆上拔下一塊磚，薛顛搖搖手說，你這還不行，看我的，然後拿起一碗茶，用手掌一吸，把裏頭的茶水吸起來了。來人一見薛顛功夫如此，連連拱手，道薛師傅好功夫，在下不敵，於是退走云云。

老衲看完這節目什麼感想呢？感想只有一個，這是特技與魔術的較量，而不是武功。

真正的武功是克敵致勝的東西，不是搞特技，手拔磚只說明手指上有些力氣，與對打關聯性不大；以掌吸水，更是純魔術的把戲，與真正的武功相差十萬八千里。

說到魔術，老衲幾個發小都在國外幹職業魔術師的行當，一般走江湖的把戲俺一看就明，當年老衲的師父還給過幾本號稱是呂洞賓傳下來的江湖把戲秘訣（呂師為中國法術把戲魔術這行之中的祖師爺），內有五鬼搬運、三仙歸洞、銀瓶乍破等等把戲的具體原理與道具製作，因此若是談到魔術把戲，老衲算是半個內行人，不容易被江湖術師唬弄的，哈哈！

說回武功，老衲以為真正的武功很簡單，就是肢體之間的互搏，當然裏頭牽扯的範圍甚廣，結構，節奏，空間，呼吸，流動，心理，甚至是想像力，都是互搏中需要研究的項目，可是單純的特技與魔術，真與武功沒啥相關，又或者是一個人呆立不動，另一個人上下其手的技術，也與武功關聯不大。

真功夫是要在動態中展現的，甚或是在雙人互搏的動態中展現，只有在此狀況中，才能看出一個人真正的拳路，舉個例子，當今泰拳三雄之中，Buakaw的打法中規中矩，節奏快，力道強，組合多，與世界主流搏擊審美觀較為接近，老衲以為這好比是全真派的正宗功夫，而Yodsanklai則是勢大力沉，又招招既硬且重，以慢打快，沈穩之至，好比是降龍十八掌的打法，不拼花巧，就拼實力；而Saenchai呢，則又是別出一功，打法奇巧多變，手手賽飛花，腿腿似落葉，或五虛一實，或七虛一實，油滑迅捷，出其不意，只有桃花島的落英神劍掌堪可比擬。

但是，這三人，若是讓他們在台下單獨示範，可能看不出什麼差別，一拳便是一拳，一腿就是一腿，每個人打出來的差別不大，反正都是泰拳嘛，來來去去就那麼幾招，是吧？可是一上擂台，卻人人不同，而能淬煉出自我拳風的，更是少之又少。

所以說，老衲以為真正的功夫，還是得在對打中實現，至少得在動態中展現，除此之外，都是摻了水份的「說手」而已，不足為奇。

老百靈（一）

這個故事呢，得從河北當地一名富家子弟尚爺說起。尚爺年輕時練大紅拳，拳到人倒，工夫紮實；尚爺也喜歡玩鳥，品味高，玩的是鳥中之精的百靈鳥，尚爺有一隻百靈十三口，珍品，號稱黃河以北找不出三隻這樣的鳥。

什麼是百靈十三口呢？意思是說，這隻百靈鳥可以學十三種不一樣的禽類叫聲，有林雀，有喜鵲，有飛燕，有雄雉……不一而足，反正就是能學十三口不一樣的叫聲；這樣的百靈鳥已是百靈中的珍寶，更何況尚爺那隻才養到三四歲，如此少年之鳥便有這麼多花樣的唱口，的是厲害。

說回這個又愛打拳又愛養鳥的尚爺，這尚爺年紀輕輕便讓父母給娶了一門正房，門當戶對，可惜連生了兩個，都是女孩兒；尚爺當時年紀輕，心也輕，天天去看戲。有天看了一個新來鎮上的劇團，那演青蛇的花旦長得漂亮，在台上眼神流轉，勾得尚爺魂都飛了。

下了戲以後，尚爺去後檯找那劇團老大一談，那劇團老大說，那小姑娘是他自小撿回來的孤女，前幾年發大水，老家的人全淹死了，整個村就剩她這麼一個小女孩，跟著他學唱戲；可惜臉蛋雖好，身段不佳，腰腿總壓不開。如果尚爺喜歡，那麼願以二百兩白銀贖給尚爺，添做偏房。

尚爺一聽，嘿，這劇團老大倒是機靈，早打聽好他姓尚的身家與他的小心思，更不打話，從懷中掏出銀票數給劇團老大，讓他點清後，尚爺領著那青蛇花旦便走。

從劇團的野外演出場走回尚府，途經一處荒山野道，此時尚爺忽然有感背後聲響，想也不想便往前縱身一竄，一竄之後才捲曲著身子借側向後一瞧，一道刀光如霹靂直下，原來是背後有歹人偷襲他，尚爺那一竄若是再慢得一點半點，那身子必定被劈成兩半了。

說得遲那時快，原本尚爺手中提著的鳥籠也握持不得滾了出去，鳥籠在草地上滾了幾轉，嚇得百靈亂叫亂蹦，一時間只聽荒山中盡是百靈的各種叫口，十來種飛禽聲音響徹野林，驚得林中飛禽啞啞地亂撲亂飛；那來人聽得這林中群鳥之聲只是一呆，尚爺趁著這當口就地一滾，使出大紅拳第三路的地躺滾堂功夫，身子綑成一團從草地泥中滾去，雙腳一夾那歹人腰胯，已將他翻倒在地，尚爺左手一抓，將那歹人持刀的右手腕夾著，順手一拳，打在他心口上；那人撲地倒了，尚爺也將他那口刀子奪了下來。

那歹人倒在地上，知道自己不是尚爺對手，大喊叫道：「殺了我！我的月兒落在你手上，我也不想活了！」一說罷，他放聲大哭，與那地上鳥籠中的百靈十三口的吱喳叫聲相映成趣；而那演青蛇的花旦站在一旁，半扶著樹，身子微顫，輕聲說道：「小關子，原來是你。」

原來這人叫做關山，是劇團老大從窮苦人家那兒買來的，自六歲起跟著劇團老大練功學藝；最擅長演關老爺的戲，功架十足。他與演青蛇的花旦月兒原來談得很好，可是兩人都還沒學出來，劇團老大都只讓他們倆演副戲，不讓他倆上主戲；月兒曾與關山說：「我沒天分，知道在這一行是幹不久的；你有天分，得好好幹下去。」關山說：「有一天我演出來了，混得響萬，便娶妳。」月兒搖搖頭道：「我等不了你那麼久；我求老大讓我演青蛇，又老求方嬸將我的妝化得美一點，就是希望哪天有個看戲的大財主看上我，帶我走……月兒命苦，這生是得不到真正愛的人的，隨便找個能依靠的男人做小的便算；關山你不一樣，有嗓子有身板，在梨園行中若你混不出頭，那是你辜負了你天生天養的好材料。」

這一天，月兒恰巧撞上尚爺與劇團老大說好，領著她走；關山下了戲，一聽劇團裏的人說月兒被帶走了，便抄了刀子追上來，紅了眼，二話不說便想劈死這帶走月兒的財主；豈知這尚爺哪裏是一般人，九歲起家中便請少林和尚傳他武藝，夏練三伏冬練三九；尚府有的是錢，年年召喚一兩百個地痞流氓輪流上門，專門陪尚爺練打。是以尚爺雖然外表是一個養尊處優的大少爺，手底下功夫卻硬得狠；荒山夜行，一感覺到背後動作不對，便後發先至，將關山制服。

尚爺聽了關山與月兒的故事，心想，這事還是得聽月兒的，於是問道：「月兒，我瞧關山這人不錯，是真心愛妳，見妳走了，賭著一口氣要劈死我；而我呢，是因為大房生不出男丁，所以想找個漂亮姑娘做偏房，回家幫我生個男娃子；咱倆人都是男子漢，妳究竟想跟誰，一句話落下來，自此以後一翻兩瞪眼，誰也不糾纏誰。」

小孩子第一要學的才藝便是「打架」，但打架，怎麼開始學？

老衲最近看到好多校園霸凌事件，深深覺得，孩子們練武是必須，沒入學前最好就要開始訓練打架，這比學英文學鋼琴要重要的多，不可不慎，另一方面，也看到好多善心的拳師，在研究兒童武學這塊，真是功德無量，老衲今日也湊個熱鬧，談談小朋友在入學前或剛入學時，應該要怎麼練習打架。

老衲以為，教小孩子打架，第一重要就是要把「膽氣」灌輸給他，一個小朋友若有「我是流氓我怕誰」、「人不要臉走遍天下」、「有種你打死我，不打死我老子跟你沒完」，有這種膽氣，基本上在沒練過的小朋友當中，應該就是橫著走了，傳統功夫講究「一膽二力三功夫」，先把膽氣激出來，已經贏了一半。

當然，這裏頭學問很大，訓練方法也很多，牽扯到兒童心理學等等，老衲就不展開細講，而膽氣這一關過了之後，就可以開始著手具體的訓練。

要打架，除了膽氣的心理素質之外，第一要素是啥呢？第一要素，就是要有一拳擊倒對方的能力，當然這一拳，也可以是一腳，也可以是一肘，無論是啥，就是要有一下發力，就讓對手癱倒，完全解除戰鬥力的能力。

這一下練好之後，訓練的第二個項目，便是防守與抗打，雙手抬起防著頭臉，死守下巴，護好心窩，氣海，下襠，這些要害是一次也不可以被正面擊中的，除此之外，都是擦邊球，雙手雙腳之外，雙肋，肚子，甚至是頭蓋骨都要有扛得住打的能力，要練到什麼程度呢？這些地方不但要扛得住打，還要能扛得面不改色，而且是在急速運動中扛打，不是站在那兒憋好氣，讓人先喊後打。

防守與抗打練好之後，可以有一些基本的閃躲，左右，上下，步伐移動，這些東西都練最基本的就好，具體步子怎麼走身子怎麼閃不重要，大人的手包著靶（主要是怕手指戳到眼睛，包起來就好，也不一定要專業手靶）隨便揮，小朋友可以隨便都躲得掉，那就算是練成了。

接下來就可以讓小朋友上全身護具，互相亂打，不要看小朋友互相亂打沒有章法，這是非常重要的一步，要讓孩子們有「打感」，非如此逼他們不可。

這些內容很多，不過老衲專注講一項最重要的，那就是前頭提的，要一下就讓對手解除戰鬥力，這是最重要的，小朋友打架，若沒有這一下重擊的能力，你拚命打對手只是給對方按摩與等待時間反擊，不可不慎。

這一下發力應該怎麼練呢？根據物理學的原理，這一下發力叫做F=MA，只跟速度與質量有關。（注意啊！依據這個牛頓神拳秘傳的心訣，發力與你可以手提多少斤完全沒有關係，這是牛頓神拳秘傳六十七代後，傳出來的拳譜上記載的，可不是老衲的發明。）

好，最簡單粗暴的練法就是，讓孩子出拳拚命快，然後全身手臂儘量練壯練粗練胖，速度越快，揮出的質量越大，則重擊的效果越好。

這樣的練法有沒有問題呢？老實說還真沒有問題，不過孩子熟練以後，有沒有更進一步的練法？也是有的。

先講速度，原則上你出拳，若是整條手臂在空中平行移動，那再怎麼加速，都快不起來的，所以要有一個加速度，好比火箭升空，在空中分三節加速，那個尖端才能衝破大氣層，而手臂也是，一節一節要能在空中如火箭般分別給下一節加速，才能打出一般人打不出的加速度感。

這是啥呢？其實拳訣早講了，這叫「起」、「催」、「追」，也就是梢節起，中節追，根節催，要看這個，烏克蘭附近或俄羅斯籍的輕量級練習生拳手，是最佳觀摩首選。

好，打出速度感以後，再來就是要增加質量，把原本的身體吃胖練壯當然也是一條正確的路，不過另一條可以同時走的路就是，將身體的重量掛在手臂上，打出去，接受方吃的是你整個身體的重量，憑空將手臂的重量增加了好幾倍。

這一點說難不難，說易不易，很多二流的職業選手也未必做得出來，光與手靶抓感覺，或與沙包較力，也不是不能練出這種重心飄移，而是有時候同一種練法練久了，會有一點效果邊際遞減的天花板在，而傳統武術中，練習重心掛手上的功法多如繁星，多取幾個出來，讓孩子們玩玩練練，不一定就這麼摸出來了也未可知。

老衲寫文章一直不喜歡寫太多太實際的東西，不是惜技藏招，只是為了尊重先輩們寶貴的「非遺」，哈哈，但看到最近實在太多令人切齒的校園霸凌，又看到好多熱心的教練們教小孩兒防身，心一熱，忍不住就貢獻點兒自己的心得出來。

通篇寫完，有些前輩高手可能覺得老衲寫的東西太簡單，是垃圾，是是是老衲都承認，不過這是給小孩子們打架用的教學指南，不是練高大上的武術要用的，一練武術，沒有個幾百套花招，跟七八十種不同的勁法心法，誰敢自稱是練武術的啊？

最後，肯定有孩子要問：光練這樣可以上擂台打十個嗎？老衲的回答是：

「去他媽的打擂台，先擺平隔壁班欺負你的那個小子再說吧！」

老百靈（二）

月兒一聽，也不思索，便向尚爺跪下大哭：「我知道小關子對我好……可我真受不了劇團裏練功夫的苦……我、我願陪尚爺過一輩子。」說完身子匍匐在地，不住磕頭。

尚爺點點頭，先扶起月兒，讓她坐在一旁一塊大石子上休息；再轉身撿起百靈的鳥籠，提著它對關山道：「兄弟，我敬你是條好漢子，姓尚的生平從不欠人，今兒拿了你一件珍寶，姓尚的還你一件；」於是將手中提著的鳥籠塞入關山手中，並囑咐道：「這是我養的百靈十三口，毛色精舒，叫口多變，黃河以北找不出三隻與牠一樣漂亮聰慧的百靈；今日月兒既然歸我，那麼我這隻百靈鳥便送與你罷了。」

關山捧著那隻鳥籠，心中感動，一時不知該說什麼好；不聲半晌，最後卻只說道：「尚爺，我的月兒您以後好好待她，我這便走了。」於是頭也不回，撿起了刀，回劇團去了。

回到劇團以後的關山，專心刻苦練功，原本他武生就唱得好，得了隻百靈十三口後，更是用意琢磨其他角色的戲份唱法，除了原來長靠短打的功夫之外，在老生、小生、花臉、丑角……甚至是連男扮女裝的閨門旦刀馬旦，也學得唯妙唯肖，唱念做打俱精。他關山原本臉蛋就生得俊，扮旦角不是問題；而他一對眉眼又生得細長而精光燦然，裝上一部大鬍子演文的老生諸葛亮，武的花臉尉遲恭，都是氣派非凡；而他本家關二爺的戲碼，更是他的拿手好戲，每次出場，戲館裏場場爆滿，不在話下。

戲路廣，機會就多；從此劇團裏無論誰生病，關山幾乎都能頂上，而上台的機會多了，角兒自然紅火，又搭上關山養了一隻遠近馳名的百靈十三口；於是人人談起關山，都喊他一聲關十三爺。哎，關山這人啊，從關山到關十三爺，總算是混出來了。

這時，尚爺已經娶了第四門偏房，月兒是二太太，生了兩個孩兒，都是男丁，三太太無出，四太太生了一女一子；搭著原來大房生的兩個女孩，尚府可說是人丁興旺；每次關十三爺到尚府鎮上演出，尚爺必定帶著全家老小捧場，有地痞想在劇館鬧事的，看到尚爺親自出馬壓場，也就不敢動了。

好景不常。中國解放以後，才過沒幾年好光景，又迎來了十年浩劫；尚爺與幾房夫人被迫離了婚，只留大房登記（一九五〇年中國通過《婚姻法》，正式確立只有一夫一妻制合法），只是登記歸登記，剩下的幾房還是跟著尚爺生活。而關山也因為破四舊，被勞改下放，幾十年功夫吊起的好嗓子，天天給戴紅色勳章的小青年倒灌辣椒水，嗆得嗓子給啞了；倒是尚爺的功夫沒擱下，幾個小青年闖入尚府，想要強姦月兒，說：「老尚你這幾房夫人都是舊時代的產物，反革命份子，牛鬼神蛇來的；唯一就是長得還可以。不如，老尚你就貢獻貢獻捐出來，也許還能抵你那……」小青年們話還沒說完，尚爺從袖中掣出一把尖刀，刀鋒磨得精光亮，寒得沁人，尚爺說；「一翻兩瞪眼，上來吧！咱宰了你以後自殺，落得一個乾乾淨淨無牽掛。」

幾個小青年給嚇得退出尚府，只拆了他們尚府做大門的那兩塊老黃楊木門板便算；後來有個落魄的教師給出評價：尚爺是條漢子！不過，那些小青年之所以不敢再去他府上惹事的原因是，嘿，他府上以前養活過多少地痞流氓呀！這年頭，人情債比錢債好用囉……

十年浩劫說長也不長，很快地，闞山便插隊回來了；他在尚府附近的一間破廟裏窩著住，尚爺勸他搬來尚府中，闞山卻死也不肯。尚爺想，好吧，隨他。但尚爺天天往廟裏跑，陪著闞山清談，聊天說地。

那時闞山身無長物，但仍帶著那隻尚爺當年送他的小百靈；闞山說，在鄉下插隊落戶時，條件不好，餓得發慌，可他一點不著急自個的肚子，只滿山遍野地挖活蚯蚓給牠吃。有時隨隊經過雞舍，他闞山還千方百計偷幾個雞蛋出來，與麵粉糰和著，給百靈開開葷，補補身子。

這百靈鳥也算爭氣，這十年辛苦日子，居然又給牠多學了三種不一樣的叫聲，現在算是百靈十六口了。闞山常常望著那百靈鳥，嘆道：「牠比我好，我都唱不出了，牠還是玲瓏剔透；跟尚爺當年送我的時候一樣，甚至還要更好！」

「尚學禮打擂」，怎麼贏的？

說這則故事以前，先聽老衲的引子，再入正題。

舊社會的傳統武術江湖中，分兩路人，一路正派一路不正派的，不正派的那路，通常有一個陋習，就是喜歡用門內先輩的無敵戰績，來催眠麻痹後學者，江湖術師們最喜歡利用此點來一再地吹噓，讓從學者飄飄然，好像以為只要練了該門拳術，就可以也跟祖師爺們有一樣的戰績。

老衲向來對這種事嗤之以鼻，拳法靠練，修行在個人，君不見好多大師的子姪們練拳，拳打得東倒西歪軟綿無力的？拳術這個東西，三分教七分練，在觀念（心法）正確的狀態下，主要靠練與悟性，與其他輩分、血緣、關係都無相干，再說，流傳到現今的傳統門派，少說也上百年了，肯定有贏過手也肯定有輸過手，單看好的不看壞的，絕不客觀，理性者所不為也。

有了以上的認知之後，才可以平心靜氣的聽聽門內「口述」歷史，理性客觀地學習一下，不做妄聽妄言人云亦云的傻蛋。

在心意門內，也有幾項門內口述傳說，而這些傳說很有意思的地方就是，幾乎都有實際應用的招式留下來，可供後人研究參考，老衲今天呢，講講「尚學禮打擂」一則，與各位看官們共同賞析。

據說民國年間，有大紅拳高手張某，在河南開封擺擂，尚學禮老師（盧嵩高的師兄，袁鳳儀的大徒弟）時年七十餘歲，聞知此事，一時技癢，前往較技，而那張某乃少林正宗嫡傳，力大招猛，又正值壯年，尚師上擂後先以調步（一種心意六合訓練中調動對手的步法，有多種變化型）盤旋，引張某到擂台沿邊，覷準機會，翻身再用懷抱頑石把將張某打下擂台，順利取勝。

好，故事說完了，在這則口述歷史中，透露什麼訊息呢？老衲以為，至少有以下兩點：

一，對手素質比自己強時，不可力攻，當以智取。（尚師當時七十餘歲，對手張某據說是四十左右，正當壯年，以常理推斷，張某的力量、速度等肯定強於尚師。）

二，身法步法要嫻熟應用，起碼可以先遊鬥自保（用調步盤旋），再配合打鬥的環境（將對手引導致擂台邊緣），擬定戰術，用合適的打法取勝。（利用擂台高於地面，且有邊界的條件限制，尚師以搬雙把將對手擊下擂台，避免對手不認輸起身再戰，死纏爛打。）

除了這兩項，還有一項隱含其中的是，心意六合的打法中沒有搭手拆手一說，不過這是另一回事，不在本文展開。

老衲以為，各種門內先輩的口述戰績歷史，想拿出來吹牛，至少還是得要讓後學者學到點什麼才是，而不是光聽老師傅們一味吹牛，老衲當年學武，聽這些吹牛故事聽得最是氣悶吹脹，因此今日隨手舉來演化闡釋一番，避免重蹈老師傅們只吹牛不支招的覆徹啊！

老百靈（三）

這一天，關山住的破廟裏後頭來了一隻怪竹雞，叫聲似梟，詭異莫名，唧唧唧唧，像是玻璃上拿利刃刮著；那竹雞衝著百靈鳥狂叫，一下子把百靈給嚇著了，一聲不出，畏縮著鳥籠旁邊，只緊張地盯著那隻竹雞。

關山本來想趕那竹雞走，被一旁的尚爺喝住；尚爺說：「這百靈已經學了十六口，不要說黃河以北，就是黃河以南恐怕都找不出第二隻；我看這隻竹雞怪異，叫聲奇特，要不要我們放百靈一試，百靈多聽幾天，興許可以學起來這竹雞怪梟聲。」關山聽尚爺這麼一說，也就不聲不響，與尚爺一塊躲在一旁，看著竹雞與百靈。

那竹雞一共來了三天，整整衝著百靈鳥叫了三天；那百靈似乎從來沒見過如此怪物，要知道百靈這種鳥，心思細膩靈巧，所以最易受懼；那三天給竹雞的怪嘯聲一嚇，不要說學竹雞的叫法，就連原來的十六口，也忽然啞上了。到了第四天上，竹雞不來，可是百靈卻一聲也叫不出了。

關山與尚爺足足等了百靈九天，這九天內，百靈只喝水，不吃東西，整日便是在鳥籠中亂轉；即便是給牠開了鳥籠，百靈也不像以往會吱吱喳喳地飛出來亂跑亂跳，只在籠中亂轉亂撞，還把自個兒的羽毛用喙子拔得稀疏。關山看得心疼，捧著捉來的活蟲捏著餵百靈，說：「我是不行了，老傢伙你也不行了；沒關係，咱倆儘管都唱不出，但人，還是得活下去。老傢伙，你撐著點啊。」

但是無論關山怎麼哄怎麼餵，那隻老百靈鳥不吃便是不吃，原來最愛叫的聲音也沒了；關山住的破廟裏一時萬籟俱寂，即使有些風聲雨聲，蟲鳴狗叫，但在關山耳中，仍是一聲不響，好似天地間一時被靜音一樣。

如此過了九天，尚爺天天都來看關山，可他也勸不動關山；關山道：「老傢伙不吃，我也不吃；牠只喝水，我也只喝水。」「哎！牠是鳥，你是人，怎麼好比得呀！」關山搖搖頭，盯著那隻老百靈，再不說話。

到了第十天上，尚爺又來破廟裏看關山與百靈；當他正想要再勸勸關山時，忽然那隻竹雞又出現了。

這次竹雞現身，老百靈卻不似以往窩在鳥籠旮旯，反而翼張羽舒，一昂首，唧唧唧唧怪叫了起來。關山與尚爺對望一眼，眼中俱都是驚喜——那老百靈終於學會那只竹雞的怪叫聲了。唧唧唧唧，百靈昂首激聲，響徹破廟後的竹林內外，那只竹雞也叫了起來，唧唧唧唧，兩股聲音都是金鐵交擊，利刃互砍的尖銳之聲，聽在耳裏令人好不難受。可是關山與尚爺都不覺得難受，兩人不自覺地雙手互握，喃喃都道：「百靈十七口、百靈十七口！這是千古奇緣，才能養出來的奇鳥啊……」

那竹雞與百靈對叫了一陣，終究不敵百靈的一口氣始終沒換。竹雞一口氣舒不過來，叫聲停了下來，牠低頭看著這隻身軀小小毛斑駁眼昏黃的老百靈，怎麼想也想不到為什麼這隻年老力薄的老百靈可以發出如此悠遠激昂的嘯聲？竹雞雙翅一振，邊飛邊跳地跑走了。

那竹雞跑走以後，關山走進鳥籠，輕輕地對百靈說：「老傢伙，好啦！可以停下來啦！」豈知那隻百靈卻不停歇，依舊叫著不停；關山打開鳥籠，想要將老百靈捧出來，卻被尚爺阻止。

「關山，別動牠。」「為什麼？」「依我看……牠要死了。」「要死了?!為什麼？」「牠已經……完成牠這一輩子的任務了。」

關山聽尚爺這麼一說，也不動了，靜靜地盤坐在地上，聽著老百靈亂叫，一刻鐘過去，百靈終於沒氣了，頭一歪，倒在鳥籠邊緣的木欄上，死了。

那夜，關山什麼話也沒說，默默地在破廟後的竹林裏挖了塊地方，將那隻老百靈埋下去，再把土覆好。第二天，關山主動到尚爺府上去敲門，尚爺出來一見，大喊稀客，抱著關山進了屋內。關山說：「尚爺，我想再見月兒一眼。」尚爺嘆了一聲，抓住跑過來的一個小孫子道：「去叫二奶奶出來，說老朋友找她。」交代完，尚爺就去了後院，讓月兒與關山單獨見面，不打擾了。

尚爺後來問月兒，那天關山與她談了很久，到底談了些什麼？月兒只道：「小關子他說，他的老百靈可以，憑什麼他不可以？他要去山裏好好練一練，吊回嗓子，練回他關十三爺的一身好功夫。」

只是自從那天起，便再也沒有人見過關山這個人了。

我們什麼時候才會對自己的文化與傳統，有真實的自信與自豪？

大年初二，老衲喝了點酒本欲去睡，豈知朋友傳來兩段網路影片，老衲看了以後，心潮翻覆，輾轉難眠，古人說文為心聲，老衲的心聲不吐不快，寫成短文與大夥兒共參。

先說這兩段影片是什麼呢？第一段，是一泰拳拳館教人蹲馬步的短片，你沒看錯，蹲馬步就是你想的那種蹲馬步，而泰拳拳館的教練，看外貌，像是泰國人，不是華人，但影片不是那麼清楚，老衲不敢斷定。

另外一段影片，是張偉麗（現任UFC草量級女拳王）赴紐約學習「筋膜」訓練，是的，這個「筋膜」就是你想的那個筋膜，是傳統武學中，所謂的內家拳學念茲在茲的「筋膜隆起」的那個「筋膜」。

為什麼這兩段影片，讓老衲有那麼大的情緒？

先說一個別的，再轉入正題，年紀比較輕的朋友可能不知道，自從UFC此類MMA格鬥運動，在上世紀九〇年代興起後，傳統武術便開始受到極大的質疑，當然可能更早之前，如香港的吳陳比武事件時，已有人對傳統武術提出質疑，但比較全面性的批判，老衲個人以為，還是在ＭＭＡ、踢拳、Ｋ1等等類型的格鬥比賽大量興起之後。

在此之前，即便傳統武術與泰拳、或者是拳擊等格鬥運動選手比武的成績不一定很好，但當時未透過電視媒體大量傳播，所以一般人還是對傳統武藝很有信心的，而在上世紀彩色電視大量普及，再加上除了拳擊之外，各種格鬥類型的比賽大量展開之後，人們對於傳武的實戰性，提出了普遍的質疑。

（當然，在此之前如李小龍，早就對傳武提出各種批判與質疑，但當時一般大眾還是對傳武深信不疑的。）

這些質疑與批判有很多，不能詳述，就單講一個「蹲馬步」，當時在ＭＭＡ概念流行，大量的異種武術格鬥實驗結果之後，不要說一般人，就連很多武術教頭，都開始懷疑起「蹲馬步」的訓練，當然這裡講的蹲馬步，包含了很多，依門派不同，可能是馬步、弓步、或者其他樁步，老衲就不一一講了，當時甚至有傳統拳師提出一種理論，說「別看西洋人不蹲馬步，其實他們天天蹲馬步，你看，深蹲不就是馬步嗎？」

結果近三十年後，老衲看到泰國人開的泰國拳館，教起學員們純正的無負重徒手靜態蹲馬步，對比起當年聽到的各種質疑批判，你說老衲能不百感交集嗎？

再說「筋膜」，練傳統武術的朋友，很少人不知道所謂的「筋膜」理論的，這個筋膜理論可能不一定叫這個名稱，但差不多是那個意思的，就是人體除了表層的肌肉之外，在深層部位有一些筋膜勾稽串聯，而所謂的「內功」，就是鍛鍊這個「筋膜」的，唯有筋膜強壯了，才能使人形成一個「整體」，發出「整勁」。

以上這個理解或說法老衲暫且不去說它對與不對，不過這樣子相似的理論，在過去三十年間，老衲不知聽過多少人嗤之以鼻，當然，除了少數傳承純正的師徒之間，仍深信不疑地在戰戰兢兢的學練此「功」，除此之外，一般大眾已經完全被「所謂的」「科學」鍛鍊給洗腦了，認為這些古老的「筋膜」訓練理論，都只是騙子大師們的江湖話術。

的確，老衲不能否認，很多江湖騙師們也在講此一理論，但偏偏他們手上又做不出來，不但做不出來，更解釋不出來此筋膜理論，與實戰格鬥模式之間的互動互為關係，長此以往，除了少數個性單純，邏輯不清的學員仍會繼續深信之外，其他被騙的學員，就開始對此理論產生質疑了，搭配一般人所能接受到的資訊，其實並非頂尖拳手的訓練模式資訊，所以若是你問一般人，負重肌肉訓練，棒棒棒，若與他講筋膜整勁，他一臉質疑，以為你是不是武俠小說看太多了。

好了，現在頂尖的ＭＭＡ拳手也開始認同筋膜訓練，開始接受筋膜訓練了，張偉麗在影片中說了一句話，「這個力跟深蹲完全不一樣」，多少人能聽懂呢？還要多久，這個筋膜訓練，才能被一般大眾所接受，提升到與負重肌肉訓練一樣，為社會大眾所尊重呢？

老衲從不怪人瞧不起傳統武術，因為太多傳統武術拳師，本身的作法就在侮辱傳統武術，長此以往，你叫圈外人怎麼給你們尊重？難道傳統武術，真的就只能靠電影或者漫畫或者小說，來得到一般人的認同嗎？

說到這，老衲真佩服一些傳武的師徒，紮紮實實地訓練，而能夠上擂台比賽上去打，通過比賽，來證明傳武的價值，不論輸贏，你們都是老衲心中的英雄，俺敬你們一杯！

現實中老衲是做不到如此的，終日為了糊口所忙，連遮風避雨的屋子都成問題，更別談自個兒訓練或帶著學生訓練了，你們真厲害，真有熱情，都是好漢子啊！

「我們」，是指這個傳統下的所有人，圈外圈內，「真實」，是指經得起科學驗證的理論，而非玄虛迷信謠言，老衲真的想知道：

「我們什麼時候才會對自己的文化與傳統，有真實的自信與自豪？」

難道我們的文化，我們的傳統，一定要靠洋和尚來念經，洋和尚來敲木魚，我們才聽得進去嗎？夜深了，忽然想起陶淵明的那首詩，不如歸去，不如歸去啊。

國家圖書館出版品預行編目

說說八卦的八卦 / 老衲著. -- 臺北市 : 致出版,
2022.01
面； 公分. -- (老衲作品集；1)
ISBN 978-986-5573-34-8(平裝)

1.CST: 拳術 2.CST: 武術

528.972 110021986

老衲作品集1

說說八卦的八卦

作　　者／老衲
出版策劃／致出版
製作銷售／秀威資訊科技股份有限公司
114 台北市內湖區瑞光路76巷69號2樓
電話：+886-2-2796-3638
傳真：+886-2-2796-1377
網路訂購／秀威書店：https://store.showwe.tw
博客來網路書店：https://www.books.com.tw
三民網路書店：https://www.m.sanmin.com.tw
讀冊生活：https://www.taaze.tw

出版日期／2022年1月　定價／360元
再版修訂／2022年5月

致 出 版　向出版者致敬